Wolfgang Loch

Deutungs-Kunst

Dekonstruktion und Neuanfang im psychoanalytischen Prozeß

Wolfgang Loch

DEUTUNGS-KUNST

Dekonstruktion und Neuanfang im psychoanalytischen Prozeß

edition diskord

Die Deutsche Bibliothek - CIP-Einheitsaufnahme

Loch, Wolfgang:
Deutungs-Kunst: Dekonstruktion und Neuanfang im psychoanalytischen Prozess / Wolfgang Loch. - Tübingen: Ed. diskord, 1993
ISBN 3-89295-570-0

Satz: TypoTeam Goetzke & Paschke, Öhringen
Druck: Druckhaus Beltz, Hemsbach
ISBN 3-89295-570-0

Inhalt

„Die Aussicht auf therapeutischen Erfolg (ist) die Bedingung unserer Behandlung."
Sigmund Freud (1919, 240)

„Wer den Wegweiser findet, sucht nun nicht nach einer weiteren Instruktion, sondern geht."
Ludwig Wittgenstein (Zettel, 277)

I.

Die psychoanalytischen Deutungsfelder

1.

1910 notierte Sigmund Freud in seinem Aufsatz „Eine Kindheitserinnerung des Leonardo da Vinci“ – und er faßte dabei seine fast 30jährige Erfahrung zusammen –, daß „... ein Traum, eine Vision, ein Delirium“ bzw. eine „Phantasie“ (und es darf hinzugesetzt werden: ein Versprechen, eine Fehlhandlung, ein ‚Agieren‘) „wie *jede psychische Schöpfung*“ überhaupt, *„irgend eine Bedeutung haben muß“* und also ‚verstehbar‘ ist. Erstaunlicherweise gibt es den Zusatz, das sei eine „Erwartung – wenn man will: (ein) Vorurteil“ (S. Freud, 1910, 154). Die „erwartete“ Bedeutung, so das Ergebnis der Freudschen Studien, ergab sich, wenn man das durch „freie(n) Assoziation“ gewonnene ‚Material‘ und/oder die vom Analysanden mitgeteilten Träume mittels *„Deutungskunst“* (1925, 69, Hervorh. W.L.) „in die ohne weitere Nachhilfe verständliche Ausdrucksweise unserer Denksprache übersetzt“ (S. Freud, 1905, 172).[1] Der Ausdruck ‚Kunst‘ gibt einen Hinweis auf einen schöpferischen Akt, den die von Aristoteles gegebene Definition der Kunst in wunderbarer Weise zum Ausdruck bringt: „Die Kunst entsteht dann, wenn sich aus vielen durch die Erfahrung gegebenen Gedanken eine allgemeine Annahme über das Ähnliche bildet“ (Metaphysik, 981 a, 6-7). Eine gelungene Übersetzung des Materials des Patienten offenbart,

[1] Bereits 1904 (Die Freudsche psychoanalytische Methode, V, 7) wurden „Übersetzungstechnik“ und „Deutungskunst“ identisch gesetzt.

daß das, was zuvor als völlig unverständlich, als sinnloses Produkt imponierte, mittels „Einreihung in den lange ausgesponnenen Zusammenhang zwischen Leidenssymptom und pathogener Idee“ (l.c.) in ein sinnvolles Gebilde umgewandelt werden kann. Wie man sieht, heißt „Sinn“ für S. Freud (1916/17, 55, vgl. 33, 29) soviel wie „Bedeutung, Absicht, Tendenz und Stellung in einer Reihe psychischer Zusammenhänge“ aufweisen. Wir wollen beachten, Freud verwendet „Sinn“ und „Bedeutung“ als Synonyma; damit stimmt er (z.B.) mit J. Simon (1989, 72; J. Simon, 1981, 96 ff.) überein, der das entscheidende Argument dafür darin sieht, daß „Intensionen“ (= Sinn) nur dann von „Extensionen“ (= Bedeutung) verschieden sein können, wenn eine Bedeutung für sie nicht existierte (1989, 136), was aber nicht der Fall sein kann.

2.

„Sinn“ – und mit folgender Explikation spezifiziert Freud seine Auslegung dieses Begriffes – umfaßt (a) das „Woher“, d.h. die „Eindrücke und Erlebnisse, von denen (das Symptom, W.L.) ausgeht“, „die von außen gekommen sind“ und „notwendigerweise einmal bewußt waren und ... durch Vergessen unbewußt geworden sein mögen“ und (b) das „Wozu“, die „Absichten, denen (das Symptom, W.L.) dient“, das ist „seine Tendenz“, „ein endopsychischer Vorgang, der möglicherweise zuerst bewußt“ war, aber vielleicht auch „niemals bewußt“ gewesen ist, vielmehr „von jeher im Unbewußten verblieb“(en) (1916/17, 294). Es wird betont, „das Wohin, die Tendenz“ (gleich „Absicht“) „des Symptoms, die von Anfang an unbewußt gewesen sein kann, ... begründet ... die Abhängigkeit desselben vom Unbewußten“. Der „Bemühung der psychoanalytischen Therapie“ obliegt es, den „Sinn“ z.B. einer „Zwangshandlung und damit die zu ihr treibenden Motive bewußt“ zu machen (1907, 135). Wenn „die Tendenz“ von Anfang an unbewußt gewesen sein kann, so gehört dazu andererseits, daß es „allemal die Verdrängung einer *Triebregung* (ist), welche in der Konstitution der Person enthalten war, im kindlichen Leben sich eine Weile äußern durfte und darauf der Unterdrückung verfiel“ (l.c. 136, i.O. hervorgeh.), die als „erste Tatsache“, als primäre Bedingung für die Entwicklung der Symptome zu gelten hat. Deren Ausgestaltung ist dann Ergebnis eines „Kompromisses“ zwischen dem Triebanspruch und dem von der Gesellschaft geforderten Wohlverhalten „zwischen den streitenden seelischen Mächten“ (l.c. 137). Die Symptome befriedigen also partiell beide Mächte. In einem Brief an Fließ (19.2.99) faßte Freud diese Dynamik in folgende Worte: „Ein Symptom entsteht dort, wo der verdrängte und der verdrängende Gedanke in einer Wunscherfüllung zusammentreffen können“ (vgl. Brief vom 30.5.96).

3.

Auf die *Konfliktgenese* psychischer Manifestationen – die übrigens (wie später erkannt wurde) nicht nur solche pathologischen Charakters betrifft, sondern auch die „normalen“, „gesunden psychischen Akte“ (1904, 8) –, hatte Freud schon 1892/93 (also vor jetzt 100 Jahren) in seinem Aufsatz „Ein Fall von hypnotischer Heilung“ (GW I) hingewiesen. Damals war es ihm gelungen, durch im hypnotischen Zustand gegebene *Suggestionen* einer Frau dazu zu verhelfen, nachdem es ihr beim ersten Kind nicht möglich gewesen war, ihr zweites und drittes Kind zu stillen. Freud hatte sich das pathologische Phänomen ständigen Erbrechens und fortgesetzter Nahrungsverweigerung, das dem Nicht-Stillen-Können zugrunde lag, als Ausdruck einer „peinlichen Kontrastvorstellung“, die einem „Gegenwillen“ gleicht, erklärt. Im Gegenwillen erkannte er einen „dämonischen Zug“ (l.c. 10,14), der einen „Zwang“ ausübt und nicht selten „die tadellosesten Charaktere betrifft“ (l.c. 15). Er hatte noch nicht erkannt, daß der Gegenwille unbewußte Determinanten hatte, z.B. die Angst der jungen Mutter, daß ihr Baby für sie eine Bedrohung darstellt, so daß sie einen Grund hatte, es nicht zu stillen. Ihr ‚irrationales‘ Verhalten wäre durch eine solche Annahme ‚verstehbar‘ und vom wach-bewußten Ich der Patientin her gesehen eine Abwehrmaßnahme.

4.

Von ausschlaggebender Bedeutung wurde Freuds ‚Entdeckung', daß das, was mittels *Suggestion in der Hypnose* anscheinend ohne Mühe gelang, im Wachzustand nur durch Überwindung eines „Widerstandes" zu erreichen ist, Ausdruck derjenigen „psychischen Kräfte", welche die Verdrängung herbeiführen (1905 a, 6), also im Beispiel verhindern, daß die vom Baby ausgehende Bedrohung, ihrerseits sicher im wesentlichen[2] Resultat einer Projektion der Mutter, realisiert wird. Die psychologische Repräsentanz solcher Kräfte sind z.B. Vorstellungen „peinlicher Natur", „Affekte der Scham, des Vorwurfs, des psychischen Schmerzes, die Empfindung der Beeinträchtigung" (1895 b, 268), d.h. es handelt sich um „zureichende logische Begründungen" (S. Freud, 1921, 97, s. auch 1895 b, 293, 298). Der Patient sieht häufig im Analytiker infolge „falscher Verknüpfung" – d.h. „Übertragung" – mit einem ‚significant other' diejenige Person (das ‚Objekt'), von der (dem) (l.c. 309) Beschämung, Vorwurf usw. ausgingen. Dieser Zusammenhang enthüllt uns auch sofort, daß Übertragung und Widerstand eigentlich zwei Seiten einer Medaille sind. Die ‚Entdeckung' der Übertragung war ein weiterer Meilenstein in der Entwicklung der Psychoanalyse. Sie wurde zum Drehpunkt der psychoanalytischen Therapie.

[2] Ich übersehe nicht, daß die „Gier" eines Babys u.U. als reale Bedrohung von einer dazu disponierten Mutter erlebt werden kann.

5.

Im Unterschied zu den theoretischen Begriffen „Sinn“, „Verdrängung“, „unbewußte Konflikte“ kommt dem Phänomen Widerstand (in der Theorie entspricht ihm der Begriff „Abwehr“) (S. Freud, 1910, 20) eine „unleugbare Existenz“ zu. Der Analytiker „spürt“ ihn als „die Kraft, welche den krankhaften Zustand aufrecht erhielt“ (vgl. S. Freud, 1912, 435). Der Widerstand ist es, der „die Unterscheidung zwischen vorbewußter und unbewußter Tätigkeit“ herstellt, die demnach nicht primär gegeben ist. Freud fügt hinzu: „Jeder psychische Akt beginnt als unbewußter und kann entweder so bleiben oder sich weiter entwickelnd zum Bewußtsein fortschreiten, je nachdem, ob er auf Widerstand trifft oder nicht“ (S. Freud, 1912, 436). Damit besteht ein Widerspruch. Er löst sich auf, wenn wir an die „unbewußten Wünsche“ denken, „die von Kindheit an im Seelenleben des Träumers gegenwärtig, aber für gewöhnlich *verdrängt* ..., von seinem bewußten Dasein ausgeschlossen“ waren. Sie enthalten die „unbewußten Strebungen ...., durch welche die unbewußte Tätigkeit geregelt wird“, d.h. sie unterliegen den Gesetzen des Primärvorganges (l.c. 437, 438; 1900, 572, 593 f., 607), deren essentielles Merkmal der Zwang zur Erregungsabfuhr ist. Die unbewußten Strebungen, identisch mit „Erregung“, leiten sich „insbesondere von Partialtrieben des Sexuallebens“ her (1938); jedoch vermag „jeder beliebige Triebanspruch zu den gleichen Verdrängungen ... Anlaß (zu) geben“ (l.c. 112).

6.

Es heißt nun, der Widerstand, genauer „die Wahrnehmung des *Widerstandes*", den uns der Patient bei dem Versuch, ihm sein Unbewußtes bewußt zu machen, leistet, ist der *Eckstein*, auf dem „die ganze *psychoanalytische Theorie* aufgebaut ist" (S. Freud, 1933, 74), wobei hinzuzufügen ist, daß man verschiedene Widerstandsformen unterscheidet (S. Freud, 1926, 172, 173, S. Freud, 1938, 104) und daß „die Überwindung der Widerstände ... der Teil unserer Arbeit" ist, „der die meiste Zeit und die größte Mühe in Anspruch nimmt" (S. Freud, 1938, 105; siehe zur Frage der Widerstandsformen auch: W. Loch, 1965, 10 f., 16 f., 22 f.).

7.

Wir stellten fest, die „primären" endogenen Bedingungen des Konfliktes sind „Triebregungen" bzw. *„Triebansprüche"*, die ihnen entgegengesetzten exogenen Bedingungen das gesellschaftlich geforderte Wohlverhalten und *die je geltenden Normen*. Nicht erwähnt wurde bislang, daß Konflikte sich einerseits allmählich entwickeln, daß sie andererseits, und dies gehört zu den frühesten Befunden der Psychoanalyse, auch durch *ein* einzelnes *traumatisches Ereignis* entstehen können, indem als „Folge (eines) Erlebnisses ... sich ein Triebanspruch erhebt, der nach Befriedigung verlangt", die „das Ich verweigert", denn es wird durch „die Größe des Anspruches gelähmt" oder es „erkennt" in ihm „eine Gefahr", der es sich „durch den Prozeß der Verdrängung ... erwehrt"[3] (1937, 235). Es wird hinzugefügt: „Die erstere dieser Begründungen ist die *ursprünglichere*" (Hervorh. W.L.). Eine Abwehrreaktion ist auch die „Ersatzbefriedigung", ein Symptom, das ohne die Einwilligung „und ohne das Verständnis des Ichs" zustande kommt. Dabei resultieren „weitgehende Entstellungen, die das Wiederkehrende im Vergleich zum Ursprünglichen erfahren hat" (1937, 236).

8.

Nicht selten aber kommt auch folgender Ablauf zustande: Das Kind (die Traumatisierungen finden, wie wir wissen, oft in früher Kindheit statt, S. Freud, 1938 a) „wird plötzlich durch ein Erlebnis (so) geschreckt", daß es „entweder die Gefahr anerkennen" muß, d.h. „sich vor ihr beugen", und „die Triebbefriedigung" unterläßt, „oder die Realität verleugnet" und so „an der Triebbefriedigung festhalten kann". Im „Konflikt zwischen dem Anspruch des Triebes und dem Einspruch der Realität" tut es „keines von beiden", aber diesen „Erfolg ... erreicht es auf Kosten eines *Einrisses im Ich*, der nie wieder verheilen, aber

[3] Z.B. eine ‚Versuchungssituation' erweckt sexuelle Wünsche, deren Erfüllung das Ich (bzw. das Gewissen oder Über-Ich) versagt; oder eine Lebensbedrohung lähmt die Fluchtreaktion u. dgl.

sich mit der Zeit vergrößern wird". Es erfolgt eine „Ichspaltung", die sonst stattfindende „Ichsynthese" unterbleibt, was erkennen läßt, daß letztere „besonderen Bedingungen ... unterliegt" (l.c. 59/60).

9.

Die vorstehende Skizzierung der Entstehung von Konflikten und der Entwicklung von Symptomen zeigt, zur Erkennung der ihnen zugrundeliegenden Dynamik und Genese bedarf es ihrer Deutung, der Aufschlüsselung ihres Sinnes. Es bedarf einer *„Deutungskunst"*. Von ihr – sie wird auch *„Übersetzungstechnik"* genannt – wird erwartet (1905, 7), daß sie „... aus den Erzen der unbeabsichtigten Einfälle den Metallgehalt an verdrängten *Gedanken*" darstellt (Hervorh. W.L., „Gedanken" steht hier offensichtlich für Sinn bzw. Bedeutung). 1920 (16) formuliert Freud, der Bedeutungskunst obliege es, „das dem Kranken verborgene Unbewußte" zu *„erraten"*[4], zusammenzusetzen und zur rechten Zeit mitzuteilen" (siehe auch 1923, 215, Hervorh. W.L.). Allerdings

[4] Dem „Erraten" entspricht ein innovatorischer Schlußvorgang, den Ch.S. Peirce mit dem Terminus „Abduktion" belegt (s. H. Pape, (1989): Erfahrung und Wirklichkeit als Zeichenprozeß, Ffm., 21, 63; H. Hinz, (1991): Gleichschwebende Aufmerksamkeit und die Logik der Abduktion. Jahrbuch der Psychoanalyse 27, 146 – 175, Stuttgart-Bad Cannstatt). Ausführlich befaßt sich U. Eco (1990) mit dem Begriff Abduktion. Er unterstreicht neben der kreativen Abduktion noch andere Formen.

wird jetzt nach „25 Jahren intensiver Arbeit“ festgestellt, daß „die therapeutische Aufgabe dadurch nicht gelöst war“, vielmehr sei es notwendig geworden, „den Kranken zur Bestätigung der *Konstruktion* durch seine eigene Erinnerung zu nötigen“ (Hervorh. W.L.). Damit „fiel das Hauptgewicht auf die (Bearbeitung der, W.L.) Widerstände des Kranken“. Solange sie bestehen, steht unser (des Analytikers) Wissen „nicht an *Stelle* seines (des Analysanden, W.L.) Unbewußten, sondern *neben* demselben“. Erst die Lösung der Widerstände (insbesondere der ‚Verdrängung‘) ermöglicht es, daß „sich der Ersatz des Unbewußten durch Bewußtes glatt vollziehen“ kann (1916/17, 453), denn wir haben „Vorgänge, die an und für sich ‚unerkennbar‘ sind“, erschlossen und „etwas für uns ganz Unfaßbares, ... was ..., wenn es zum Bewußtsein gekommen wäre, nur so und so hätte beschrieben werden können“, an ihre Stelle treten lassen (1938, 127), denn (so las man es schon 1895 b, 272) „sie werden von dem Zusammenhange unerbittlich gefordert“.

10.

Es galt also hinfort, „diese (Widerstände, W.L.) baldigst aufzudecken ... und ihn (den Kranken) durch *menschliche Beeinflussung* (hier die Stelle für die als ‚Übertragung‘ wirkende Suggestion) zum Aufgeben der Widerstände zu bewegen“ (Hervorh. W.L.). Aber nicht genug damit, Freud setzt hinzu, auch „auf diesem Wege" war „das gesteckte Ziel, die Bewußtwerdung des Unbewußten, nicht voll erreichbar", denn „der Kranke kann von dem in ihm Verdrängten *nicht alles erinnern*, vielleicht gerade das Wesentliche nicht, und *erwirbt so keine Überzeugung* von der *Richtigkeit* der ihm mitgeteilten Konstruktion. Er ist vielmehr genötigt, das Verdrängte als gegenwärtiges Erlebnis zu *wiederholen*, anstatt es ... als ein Stück der Vergangenheit zu *erinnern*" (1920, 16, i.O. hervorg.). Die agierte Wiederholung, diese „Reproduktion", wird als *Übertragung* bzw. *„Übertragungsneurose"* (17), ja auch als „Übertragungskrankheit" bezeichnet. In diesen Zuständen tritt „anstelle der verschiedenartigen irrealen[5] Libidoobjekte das eine wiederum phantastische Objekt der ärztlichen Person" (473, 1916/17). Die „Übertragungskrankheit" ist ein notwendiges Geschehen, solange die Bedingungen des Konfliktes bestehen. In ihnen liegt die Ursache für das Phänomen „Wiederholungszwang". Er ist ein Widerstandsphänomen gegenüber dem Ziel des Analytikers, eine Bewußtmachung zu erreichen (siehe auch S. Freud, 1905, 118, 119), und der Analytiker „hat dafür zu sorgen, daß ein Maß von Überlegenheit erhalten bleibt, kraft dessen die anscheinende Realität doch immer wieder als Spiegelung einer vergessenen Vergangenheit erkannt wird" (1920, l.c. 17).

---

[5] Die Kennzeichnung ‚irreal' verrät, daß Freud vom Standpunkt des erwachsenen Beobachters urteilt.

11.

In den „Studien über Hysterie" (1895 a, 308 f.) und in „Erinnern, Wiederholen und Durcharbeiten" (1914, 130), wird unterstrichen, daß die Übertragung sich „nicht nur im persönlichen Verhältnis zum Arzt" einstellt, sondern (u.U.) „auch in allen anderen ... Beziehungen (des) Lebens". Dabei macht die Übertragung – und darin besteht ihre einzigartige Funktion im Hinblick auf die gegenwärtige Realität – aus der „historischen Angelegenheit" der Neurose „eine aktuelle Macht", wobei freilich auch gesehen werden muß (S. Freud, 1905, 280, 281), daß *„Übertragungen"* [6] nicht nur *„einfache Neudrucke, unveränderte* Neuauflagen" vergangener Ereignisse und Zustände sind, vielmehr *„Neubearbeitungen"*, die „sich an irgend eine geschickt verwertete reale Besonderheit der Person (des aktuellen Bezugspartners, W.L.) ... des Arztes anlehnen". Wie schon bei der Erörterung der Deutungskunst gilt auch von der „Übertragung ... man muß sie fast selbständig *erraten*, auf geringfügige Anhaltspunkte hin, ohne sich der Willkür schuldig zu machen", und stellt fest, daß „die Richtigkeit der (vom Analytiker) *konstruierten* Zusammenhänge beim Kranken sich erst nach ... (ihrer) Lösung" (Her-

[6] Wir verstehen sie nicht nur als Besetzungsverschiebung von infantilen „Objekten" auf gegenwärtige Personen, sondern auch als Projektionen der „inneren Objektwelt" des Analysanden in toto auf die aktuelle Situation (s. z.B. M. Segal, 1992, 815; W.R.D. Fairbairn, 1944, 99, 105; S. Freud, 1900, 327).

vorh. W.L.), also nach Aufhebung der Bindung an die die Übertragung „tragende" Beziehungsperson, einstellt. Erst dann gewinnt der Analysand „die *Überzeugungsempfindung*" (Hervorhebung W.L.), *die* zur Grundlage für ein anderes Handeln, Denken und Empfinden werden kann. Insofern letzteres zustande kommt, wird die Übertragung, primär „das größte Hindernis für die Psychoanalyse", „zum mächtigsten Hilfsmittel derselben".

12.

Die ‚Auflösung' der Übertragung, die Freud mit dem starken Wort „*Vernichtung*" belegte (1905, 281), unterscheidet die analytische Behandlung von der rein suggestiven und „*befreit*" die analytischen Ergebnisse von dem Verdacht ..., „*suggestive* Erfolge zu sein" (S. Freud, 1916/17, 471, Hervorh. W.L.). Dies Geschehen ist freilich (häufig) „ein Kampf" um das (quasi) „neue Objekt der ärztlichen Person" (1916/17, 473) – das ‚alte' Objekt ging durch Aufhebung der mit ihm gekoppelten Übertragung verloren, was eine unvermeidliche Traumatisierung bedeutet (s. §13) –, der „mit Hilfe der ärztlichen Suggestion auf die höchste psychische Stufe gehoben" wird, so daß es „als normaler seelischer Konflikt verläuft". Daß „der Zwang, die Begebenheiten seiner (des Patienten) infantilen Lebensperiode in der Übertragung zu wiederholen, sich in *jeder* Weise über das Lustprinzip hinaussetzt" (1920, 37, i.O. hervorg.), erklärte sich Freud mit der Annahme: „Die verdrängten Erinnerungsspuren (der) urzeitlichen Erlebnisse (sind) nicht im gebundenen Zustande (im Analysanden) vorhanden“ und deshalb „des Sekundärvorganges nicht fähig“ (37), unterliegen also den Gesetzen des Primärvorganges, der bestimmt ist durch einen „nach Abfuhr drängenden Nervenvorgang(es)“ (l.c. 35). Hier fällt jetzt auch (wieder, s. oben) das Wort vom *„dämonischen Zwang“* (37), bzw. vom „dämonischen Charakter“ (l.c. 36), d.h. es geschieht etwas, was sich in *jeder* Weise über das Lustprinzip hinaussetzt (l.c. 37, i.O. hervorg.), *denn es geht hier primär darum, die „Erregung zu bewältigen oder zu binden“* (36, Hervorh. W.L.). Erst dadurch wird es möglich, das passive Erleiden des Traumas in einen aktiven Umgang mit ihm zu verwandeln. Der psychische Raum ist geschaffen, in dem sich Gedanken, Vorstellungen und Bilder ansiedeln können.

13.

Dieses Geschehen, dieser „dämonische Zwang“, ist identisch mit einer „traumatischen Situation“ (Freud, 1926, 199, 203), das ist eine Situation, die durch „Objektverlust“ – er ist dem *„Wahrnehmungsverlust“* gleichzustellen – bedingt wird. Der Objektverlust ist zudem – und das hat weitreichende Bedeutung – mit dem Erleben von *„Schmerz“* gekoppelt (l.c. 203), der seinerseits eine Durchbrechung des „Reizschutzes“ anzeigt (204). Der traumatische Objektverlust steht somit (1) für den Verlust des „psychischen Mutterobjekt(es)“, welches „dem Kind die biologische Fötalsituation ersetzt“, wodurch das Baby vor einer Auslieferung an „urzeitliche Erlebnisse“ durch entsprechende Maßnahmen der Mutter (169) bewahrt bleibt. S. Ferenczi (1939, 271) hat in diesem Zusammenhang angemerkt, „in Momenten des (d.h. eines derartigen, W.L.) Traumas verschwindet die Objektwelt ganz oder teilweise: alles wird *objektlose Sensation*“ (i.O. hervorgeh.) und die für die psychoanalytische Technik bedeutsame Feststellung angeschlossen, es sei „ungerechtfertigt, von der Analyse die *bewußte Erinnerung* an etwas zu fordern, was nie *bewußt* gewesen ist“. Unter diesen Umständen sei „nur *Wiedererleben* ... möglich mit nachträglicher, erstmaliger Objektivation *in der Analyse. Wiedererleben* des Traumas und *Deutung* (Verständnis)“ (i.O. hervorg.). Siehe zu dieser Thematik auch z.B. J. Cohen, 1980.

14.

Als *Objektverlust* wird (2) auch die *„Kastration“* gelesen (Freud 1924, 398), weil dem Penis ein hohes „narzißtisches Interesse“ zukommt, ist er doch u.a. „eine Gewähr für die Wiedervereinigung mit der Mutter (dem Muttterersatz) im Akt des Koitus“ (Freud 1926, 169). Im „Konflikt zwischen dem narzißtischen Interesse am Penis“, der Kastrationsangst und der „libidinösen Besetzung der elterlichen Objekte ... siegt normalerweise die erstere Macht", und „das Ich des Kindes wendet sich vom Ödipuskomplex ab" (1924, 398). Analoges gilt (3) vom drohenden *„Liebesverlust"*, der für das Mädchen dieselbe Auswirkung hat wie die Kastrationsdrohung für den Knaben (1933, 94; 1926, 173). Allerdings siegt beim Mädchen nicht selten die Angst vor dem Liebesverlust, d.h. der Mutter, es sei denn, die Phantasie, einen Penis zu haben, um durch seinen Besitz (in Analogie zum Knaben) mit der Mutter verbunden zu sein, würde auch hier der Kastrationsdrohung Gewicht verleihen. Freilich kann eine reale, normale Progression nur durch Anerkennung der eigenen Weiblichkeit erfolgen. Aus dieser Sicht ist die Kastrationsdrohung bzw. die Kastrationsangst bei beiden Geschlechtern „der mächtigste Motor (einer) weiteren Entwicklung" (1933, XV).

15.

Insofern (4) die Kastrationsangst mit dem Verlust der *Mutterbrust* korreliert – und in dieser Hinsicht befinden sich beide Geschlechter ebenfalls in identischer Position –, die wiederum in enger Analogie zur „Trennung vom Mutterleib bei der Geburt" steht (Freud 1923, 296), gilt, daß diesen Traumen gegenüber die intensive Besetzung der Eltern bzw. einer dominanten Elternfigur vor dem Eintreten der traumatischen Situation des Objektverlustes schützt. Insbesondere kann man in Fortentwicklung dieser Gedanken sagen, daß „das Verlassensein vom schützenden Über-Ich ... die Sicherung gegen alle Gefahren" beendet, was (5) nun auch „die *Todesangst ... ein Analogon der Kastrationsangst* werden läßt" (Freud, 1926, 170, 160). Ohne diesen Schutz bleiben depressive Reaktionen, autistischer Rückzug oder womöglich „konstruktive psychotische Lösungen, d.h. der Aufbau einer Wahnwelt, was einem Ersatz der mit der gemeinsamen Realität verknüpften Sachvorstellungen durch konkretistische Wortvorstellungen (Phantasmata) gleichkommt.

16.

Bekanntlich unterschied Freud die soeben besprochene traumatische Situation von einer *„Gefahrensituation"*. Bei jener stellen sich die skizzierten Zustände „ungewollt, automatisch" (1926, 195), gleichsam reflexartig bzw. praereflektiv ein. Bei dieser erfolgt nur eine eindeutig psychisch zu nennende Reaktionsform. Sie *„antizipiert"* die *„traumatische Situation der Hilflosigkeit"* (l.c. 199). Die sog. *„Signal"-Angst* (195) ist für sie typisch. Dadurch können Ich-Funktionen ins Spiel treten, d.h. es werden Widerstandsphänomene sichtbar, die *„Gegenbesetzung"* (190/191) voraussetzen. Freud kennt verschiedene Gegenbesetzungen, die für die jeweilige Neurose mehr oder weniger spezifisch sind (190 f.). Sie alle sind *„Schutzhandlungen"* zur Eindämmung der Angst – von der es einmal hieß, sie stecke hinter allen

Symptomen (1930, 495) –, letztlich zur Vermeidung der traumatischen objektlosen Situation. D.h. aber auch, das in ihnen enthaltene „Objekt", das „Schutz" gegen Situationen der Hilflosigkeit" (14, 200) bieten soll, geht verloren, insofern diese Gegenbesetzungen aufgegeben werden. Erwähnung verdient, daß diese Schutzrolle des Objektes durch Verwöhnung „übersteigert" werden kann (l.c.).

17.

Die gesellschaftlich verhängten und erzwungenen Tabus, obwohl ursprünglich Schutz vor „urzeitlichen Erlebnissen", werden, nachdem sie infolge der weiteren Entwicklung des Kindes – und damit der Zivilisation – obsolet wurden, also ihre Zweckmäßigkeit verloren, durch (z.B.) Machtansprüche der Eltern bzw. der Gesellschaft perpetuiert und nun ihrerseits als Gefahren erlebt bzw. im Sinne eines „Zensors" zum verbietenden und strafenden Über-Ich, das die ‚naturhaft' gegebenen „Triebregungen" und „Triebansprüche" unterdrückt oder sie nur deformiert und/ oder verschoben zuläßt.

18.

Wenn nun in der analytischen Situation das ‚spürbare' (S. Freud, 1895, 269) und also „unleugbare Existenz" (S. Freud, 1910, 20) bekundende Phänomen

Widerstand, das, es wurde erwähnt, auch als *Übertragung* sich manifestiert, *,gedeutet'* wird, dann kann, ja soll das zu einer *Aufhebung derjenigen Objektbeziehung* führen, *die den Widerstand einsetzte*. Eine Vernichtung dieser Beziehung ist ein Objektverlust. Auf diese Weise wird eine Gefahrensituation bzw. gar eine traumatische Situation „erzeugt". Natürlich sollte eine traumatische, eine objektlose Situation auf jeden Fall vermieden werden, was z.T. schon dadurch geschieht, daß die Deutung (zumindest) einen, zunächst hypothetischen Grund für die Übertragung namhaft macht. Zudem übt der Analytiker durch seine Gegenwart und die Rahmenbedingungen der psychoanalytischen Situation eine Schutzfunktion aus. Die Summe dieser Bedingungen erlaubt es dem Analysanden zu wagen, die Besetzungen, die seinen Übertragungen zugrunde liegen, aufzugeben.

19.

Ergeben sich aus den gesellschaftlich bedingten Verboten und Frustrationen die oben genannten Bedrohungen der sexuellen triebhaften Strebungen auf phallischer Ebene, dann führt dies, wie erwähnt, zu narzißtischen Kränkungen, die aufs engste mit einem ,significant other' (Mutter oder Vater oder ...) verbunden sind. Auf der analen Ebene bedingen gesellschaftliche Faktoren, insbesondere Besitz- und Autonomiekonflikte, ebenfalls narzißtische Verletzungen, auf der oralen treten neben den letztgenannten Konflikten solche auf, die die physische und die frühe psychosomatische Existenz angehen. Auf allen drei Ebenen sind zudem Spaltungen, paranoide Entwicklungen und depressive Reaktionen möglich, und zwar insbesondere dort, wo Abwehrformen wie Verleugnung und Verkehrung ins Gegenteil zur Herrschaft gelangen. Diese Syndrome hängen eng mit einer Abwehrform zusammen, die von der Objektbeziehungspsychologie in besonderer Weise kartographiert wurde. Gemeint ist die *Phantasiewelt* mit den dazugehörigen inneren Objekten, Bildungen, die ein Gegengewicht gegen die äußere, aber auch gegen die innere Realität bieten und die insbesondere auch die ‚Struktur' angehen, die man heute oft das Selbst nennt (s. dazu W. Loch, 1988, 23, 37-81).

20.

Die *„psychische Realität"* (Freud, 1900, 625) beginnt ja (und ich schließe an die Erörterung der traumatischen Situation an) mit einer *„Schreckäußerung bei psychischer Lücke"* (Freud, 1896, 165, 160), nein besser, ist die Reaktion auf diese Lücke, nämlich ihre Ausfüllung durch psychische Entitäten, wie sie die Sprache ‚erschafft'. Dies Moment hatte Freud klar ausgedrückt. Er schrieb (1926, 204): „Die Sprache hat den Begriff des inneren, des seelischen Schmerzes geschaffen", indem sie „die Empfindungen des inneren Objektverlustes ... dem körperlichen

Schmerz gleichgestellt“ hat. Schreck, psychische Lücke, d.i. Objektverlust, sind bei Hysterie wie bei Zwangsneurose sowie für die Genese der Psychose Ausgangspunkte. Im letzteren Fall (Brief an Fließ vom 11.1.97) wird ein „sexueller Mißbrauch ... vor der Fertigstellung des psychischen Apparates in seiner ersten Form“ supponiert, was einer starken traumatischen, objektlosen Situation wegen exzessiver Reizüberflutung gleichkommt. Dabei ist das, was „in der ersten Kindheit vorgefallen ... *nichts*“, aber es war ein „Keim sexueller Regung da“(Brief vom 3.1.99, Hervorh. W.L.). Im Brief vom 21.12.99 berichtete dann Freud an Fließ, „tief unter allen Phantasien verschüttet fanden wir eine Szene aus seiner (des Patienten E., W.L.) Urzeit (vor 22 Monaten) ... die alles zugleich ist[7], sexuell, harmlos, natürlich etc., ... in die alle übriggelassenen Rätsel einmünden“. Nun hat „jede adolescente Person“ (i.e. jeder Mensch, W.L.) „Erinnerungsspuren“ dieser Natur, sie werden aber „erst mit dem Auftreten von sexuellen Eigenempfindungen verstanden“ (Freud, 1895, in 1950, 435). Damit geht es hier um das für die Pathogenese so wichtige Problem der *Nachträglichkeit* (s. dazu auch: Brief v. 6.4.97; Brief vom 14.11.97; Brief vom 15.10.95, MS K 1.1.96, ferner Freud 1896, 383). Sie, die Nachträglichkeit, bestimmt, was aus dem Nichts, dem Keim der sexuellen Erregung[8] wird. Sie ist an der Gestaltung der sog. „Schutzbauten“, der

[7] Wenn etwas alles zugleich ist, dann ist es ‚nichts‘, denn etwas kann nur etwas sein, insofern es etwas nicht ist.

„Urphantasien“ maßgeblich beteiligt. Die letzteren nennt Freud allerdings auch einen phylogenetischen Besitz (1916/1917, 386), denn „Kinderverführung, Entzündung der sexuellen Erregung an der Beobachtung des elterlichen Verkehrs“, die „Kastrationsdrohung“ – oder vielmehr die reale „Kastration“ – sollen in prähistorischen Zeiten äußere Realität gewesen sein (vgl. dazu: Freud, 1915 a, I. Grubrich-Simitis, Hg., 1985). S. Freud hielt übrigens andererseits daran fest, es sei methodisch unrichtig, zur Erklärung aus der Phylogenese zu greifen, ehe man die Möglichkeiten der Ontogenese ausgeschöpft hat (1918, 210). So gab es schon 1908 den Hinweis (222), daß Phantasien den „Wunschträumen“, „den Säkularträumen der Menschheit entsprechen“, d.h. einer „primitiven Seelentätigkeit“ entspringen. Gestützt wird diese Auslegung, wenn es heißt (l.c. 214), daß „jedes spielende Kind sich eine eigene Welt erschafft“ und ihr einen dramatischen Ausdruck verleiht. Man kann anfügen, nicht selten wird auch eine grausame Ordnung hergestellt, genau wie in vielen Träumen und in den wilden Spielen der Kinder. In solchen Phantasien heißt es, könne der Mensch „noch Lusttier“ (1917/18, 187) sein. Allerdings wehrt das Wach-Ich solche Phantasien ab, schon weil sie mit seiner Existenz kaum verträglich sind, es sei denn, es gestatte sich in „Tagträumen“ – denen Freud (l.c.) Priorität vor den

[8] 1937 (XVI, 179) wies Freud darauf hin, daß „junge Kinder zwischen sexuellen und aggressiven Handlungen nicht scharf unterscheiden“, worin wiederum ein Hinweis auf nachträgliche Determinierung steckt.

Nachtträumen einräumt – phantasierte Befriedigung, von deren Nichtrealität es aber im Unterschied zu den Zuständen im Traum, in dem die Besetzung vom Ich abgezogen ist, überzeugt ist.[9]

21.

Bemerkenswert ist, daß „Phantasien gleichzeitig ... der Tendenz ... dienen, ... zu verfeinern, zu sublimieren". Sie sind hergestellt *mittelst* der Dinge, die *gehört* werden und *nachträglich* verwertet, und kombinieren so Erlebtes und Gehörtes, Vergangenes (aus der Geschichte der Eltern und Voreltern) mit Selbstgesehenem. Sie verhalten sich zum Gehörten wie die Träume zum Gesehenen" (Brief vom 2.5.97, Manuskript L, Hervorh. i.O.). Insgesamt dürfen wir sie als „progressive Abwehr" verstehen, sind sie doch „Vorbauten" und „sperren" den Zugang zu den Erinnerungen, zu den „Urszenen" (l.c.), sind also letztlich Abwehr des „Nichts" der traumatischen Situation, das durch sie in „Sein", besser in „Seiendes" verwandelt werden soll. Es bleibt jedoch offen, ob sich der Sinn dieses Seienden in der Zukunft als wachstumsfördernd erweist oder einen destruierenden Cha-

[9] Auf dem Zirkel zwischen Phylogenese und Ontogenese, den Freud zur Erhellung der Nachträglichkeit konstruierte, machte H. Gekle unter Hinweis auf die Unmöglichkeit, vom „Abbild zur Realität des Urbildes" (Hegel) zu gelangen, aufmerksam (1989, Luzifer-Amor, Nachträglichkeit des Ursprungs, *4*, 89-130, 122, 125).

rakter offenbaren wird (F. Nietzsche, 1885/86 2 117, KSA, Bd. 12), denn was im Moment Sein garantiert und vor der Objektlosigkeit schützt, muß dazu nicht in aller Zukunft taugen, ja es wird seine Tauglichkeit sogar verlieren bzw. sie wird und muß zum Hemmnis der progressiven Entwicklung werden. „Die allmächtige Zeit und das ewige Schicksal" (Goethe, Prometheus) bewirken, daß nichts so bleibt wie es ist.

22.

Mit der Klärung der Rolle der *Phantasien*[10] für die Entwicklung und Gestaltung der manifesten psychischen Phänomene tritt deren Entschlüsselung, deren Deutung im Sinne der Erhellung ihres Abwehrcharakters in den Vordergrund der Deutungskunst. Als Szenarien, als dramatische Inszenierungen und Geschichten erlauben sie uns einen direkten Zugang zur „inneren Objektwelt" des Analysanden. Man kann sie auslegen wie Theaterstücke, und in der Tat war es

[10] N. Abraham (1991, Aufzeichnung über das Phantom, Psyche *45*, 691-698) differenziert Phantasien, die mit dem individuellen Unbewußten in Verbindung stehen, vom „Phantom", in dem er gleichsam ein Implantat, das ein Familiengeheimnis repräsentiert, sieht, welches der Träger übernommen hat. Spricht aber nicht schon eine solche Übernahme dafür, daß psychische Strukturen, Dynamismen des Trägers involviert sind? (vgl. J. Cournut, 1988, Ein Rest, der verbindet, Jahrb. Psychoanal. 22, 67-98, 92 f.).

ja der Ödipusmythos, vorab das Stück Ödipus Rex, das Freud benutzte, um die neurotischen Produktionen und die Träume zu verstehen.

23.

Tagträume und Nachtträume sind Beweise dafür, daß Phantasien ein permanenter Bestandteil der menschlichen Seele sind (siehe dazu I. Grubrich-Simitis, 1991). Unentbehrlich für die psychische Realität sind sie infolge ihrer Schutzfunktion (auch wenn unser sogenanntes ‚Real-Ich' das Bewußtsein der alltäglichen Außenbezüge bestimmt) für denjenigen Ich-Teil, dem es um die Existenz und das Sein des Selbst, des „Selbst-Ich", geht. Dieses hängt seinerseits wesentlich mit dem Autoerotismus[11] zusammen, der auf der Triebebene die Existenz des Individuums affirmiert – bei S. Ferenczi findet sich der Ausdruck *„erotischer Wirklichkeitssinn"* bzw. „erotischer Realitätssinn" (1924, 28, 29, 93; ders. 1913, 62-83, 79), der hier ins Spiel tritt – und, wie J. Laplanche u. J.-B. Pontalis zu Recht bemerken (1985, 1992, 55) im gesamten Sexualleben des Menschen unabhängig von der je bestimmenden psychosexuellen Entwicklungsstufe in den unbewußten Phantasien Präsenz und Ausdruck findet. Und da es kein Real-Ich ohne Be-

[11] F. Tustin (1986, 59, 60) hält dafür, daß der Autoerotik bzw. dem Autosadismus ein Stadium der „undifferenzierten autosensuousness" vorausgeht.

zug zum Selbst-Ich und vice versa geben kann, muß in den Äußerungen des ersteren latent das letztere sich affirmieren. Das gilt nicht nur für die Träume, sondern auch für das manifeste Handeln und Reden des Analysanden.

Dies läßt sich z.B. am Text, den ein Analysand seinem Supervisor erzählt, leicht demonstrieren. Man notiert, was der Analysand in der Supervision von den Mitteilungen des Patienten berichtet, und die Antworten des Analytikers. Man achtet auf die Sequenz der Sätze und auf ihren latenten Deutungsgehalt. Der Analytiker sagt, in der letzten Zeit drängt sich in meinen Gedanken ständig Patient Y auf. Y nimmt einen zu großen Platz in mir ein, auch andere haben ein Recht auf meine Beachtung und Zuwendung, und ich muß mich jetzt auf sie konzentrieren. „Der Y läßt mir überhaupt keinen eigenen inneren Raum, er redet ohne Punkt und Komma, über alles mögliche, z.B. über Südostasien, dann wird irgendein Name erwähnt, eine Geschichte folgt usw. Ich werde mit Träumen bombardiert, kann das kaum noch aushalten. Es wird mir nahezu unmöglich, mir überhaupt noch etwas zu merken. Ich versuchte, nach der Stunde Notizen zu machen; auch das will nicht gelingen. So entschließe ich mich, mit solchen Versuchen ganz aufzuhören. Merkwürdigerweise träumte seitdem der Patient nicht mehr." Dann fügt der Analytiker seinem Bericht hinzu: „Auf dem Weg hierher kam ich heute in einen Kreisel, und als ich bemerkte, ich habe Vorfahrt, durchflutete mich ein Triumphgefühl." Unvermittelt setzt er sofort noch hinzu: „Wenn Patient Y sich nicht umbringt, dann bringt er mich um."

24.

Es ist nicht schwer zu sehen, daß Y ein Problem mit dem Wahrgenommenwerden hat. Er versucht – man möchte sagen, mit brutaler Gewalt – die Aufmerksamkeit des Analytikers zu gewinnen. Sein Einfluß geht so weit, daß der Analytiker keine eigenen Gedanken mehr denken und ordnen kann. Jetzt entscheidet sich der Analytiker zum Rückzug, um sich zu schützen. Dann überkommt ihn plötzlich ein Triumphgefühl, als er seine Vorfahrt genießt. Sofort aber spürt er, hier geht es um Sein oder Nicht-Sein, d.h. nur einer von uns kann überleben. Man darf eine solche Geschichte bzw. das Drama zwischen Analysand und Analytiker, das sich hier abspielt, als direkte Manifestation der inneren Objektbeziehungen des Analysanden verstehen, die im Rahmen des psychoanalytischen ‚Setting' über sogenannte *projektive und introjektive Identifikationen* – einschließlich der „projektiven Gegenidentifizierung" (L. Grinberg, 1956, zit. nach: ders. 1991) in Szene gesetzt werden. Nachdem sie vom Analytiker anerkannt und zur Grundlage von Deutungen gemacht wurden, ergeben sich Bestätigungen aus der Lebensgeschichte des Analysanden. So z.B., daß er mit 2 1/2 Jahren ein sehr schwerwiegendes Trauma erlitt. Zur gleichen Zeit hatte er, was einer Katastrophe gleichkam, seine

Mutter verloren. Seine *emotionale Beziehungswelt*, in der er bis zu diesen Ereignissen lebte, war mit dem durch sie verursachten Objektverlust untergegangen. Um die damit eingetretene Störung des „erotischen Wirklichkeits-Sinnes", die einem Existenzverlust gleichkommt, abzuwenden, hatte Y alles mögliche unternommen. U.a. hatte er auch sadomasochistische Verhältnisse inszeniert, Zwangsmechanismen produziert, die ihm ein Gefühl der Triebbefriedigung und/oder des Existierens verschafften. Aber alle Maßnahmen hatten in Sackgassen geführt und im Endeffekt destabilisierende Folgen, denn das Problem, ‚nur einer kann am Leben bleiben', ist aber – sei es durch Mord oder Selbstmord – dann für alle folgende Zeit mit dem Tod des anderen belastet.

25.

Der Deutungskunst sollte es gelingen, daß der Analytiker die skizzierten Zusammenhänge erkennt, sie dem Analysanden als Hypothese unterbreitet und damit auch zu erkennen gibt, daß er nicht flieht, den Analysanden bzw. das Kind im Analysanden nicht alleine läßt, seine Gier und seine wütenden Aggressionen versteht, in sich selbst mitempfindet und aushält, so daß ein Raum sich entfaltet, in dem sich eine andere innere Welt konstituieren kann, eine innere Welt, die Weiterleben ermöglicht. Nicht selten aber wird es, wie im Beispiel, unvermeidlich sein, daß der Analysand – und hier erinnere ich an die oben zitierten Ausführungen S. Freuds und S. Ferenczis – *das Trauma* und das korrelierte innere Drama im Rahmen und *unter dem Schutz der Analyse agieren muß*, weil er es nicht erinnern kann (s. dazu D.W. Winnicott, 1974, 103, 108). Unter diesen Umständen kommt dem „Wiedererleben nicht auszuhaltender Angst“, wie sie das je spezifische Urtrauma des Patienten ausgelöst hatte, im Schutze der analytischen Situation entscheidende Bedeutung zu, und der „Ausgang der Analyse“ hängt davon ab, daß diese Angst im Hier und Jetzt ein erträgliches Maß nicht übersteigt, so daß extreme und mit dem Leben nicht verträgliche Abwehrmaßnahmen hinfällig werden (D.W. Winnicott, 1962, 238-239).

26.

H. Erziel (1960/61, 496-523) hat die soeben skizzierten Zusammenhänge schematisch in drei Formen von Objektbeziehungen eingeteilt:

a) Die Objektbeziehung, die der Analysand mit dem Analytiker herstellen möchte und im Rahmen der Übertragungssituation tatsächlich zur Realisation bringt und erlebt. Z.B. wenn ein Analysand, sei es in der Phantasie, sei es mittels ‚acting-in‘, eine sadomasochistische Situation inszeniert. Sie ist Produkt einer Abwehr derjenigen Beziehung, die

b) vermieden werden muß, weil sie eine Gefahrensituation beinhaltet, die ihrerseits

c) Index und Abwehr einer drohenden „traumatischen Situation“ wäre, i.e. der „*Katastrophe*“ der Objektlosigkeit. Im genannten Fall war es die „innere, öde Leere“[12] – das ‚Nichts‘ –, die erlebt und beklagt wurde, nachdem die sadomasochistischen Phantasien, die über viele Jahre diesen Patienten in Form von Zwangsgedanken und äußerst beunruhigenden Zwangsimpulsen gequält hatten, sich aufgelöst hatten, was erst nach Durcharbeitung einer homosexuellen Phase gelang, die den Weg zur Neukonstruktion der primären Objektbeziehung frei machte.

---

[12] J. Küchenhoff (1990) weist in ähnlichen Zusammenhängen auf das „Phantasma des leeren Raumes“ hin und sieht in ihm „eine Konstruktion, ein(en) Abwehrvorgang“ (25, 26), d.h. es wäre in unserer Sicht Abwehr des ganz und gar Unerträglichen und des „Nichts“ (s. dazu K. Heinrich, 1981, 60 ff.).

II.

Deutung – Be-Deutung – Realität

27.

Wiederholt wurde auf die Deutungsarbeit, auf die Deutungskunst des Analytikers hingewiesen. W.R. Bion (1965, 1970, 83 ff.) nannte Interpretationen Transformationen, wobei jeweils bestimmte Invarianten, „imaginäre Foci“[13] die Perspektive angeben, gemäß welcher das zu interpretierende Material zu lesen ist bzw. begriffen werden soll. Eine Perspektive, eine Invariante dieser Art ist für Freud das sog. „fiktive Normal-Ich“, für K.R. Eissler ist es die Qualifikation „anthropic“, womit gemeint ist, daß ein Forscher, der aus dieser Einstellung bzw. von diesem Vertex her denkt u./o. handelt, nach Elementen in den Träumen, Symptomen, Fehlhandlungen usw. sucht, die in wenigstens „einer relevanten Verknüpfung die menschliche Aktivität reflektieren“ (1965, 142 f., 163, 171). W.R. Bion selbst zählt verschiedene *Vertices* auf, die jeweils für eine bestimmte Wissenschaft gelten. Er betont, daß jedem Vertex auch unbewußte Komponenten zugehören, die im Rahmen einer analytischen Behandlung ins Offene zu bringen sind (l.c. 84; 1970, 83 f.).

[13] Nach I. Kant (KV B 672) ist ein „Focus imaginarius“ ... „eine Idee“, die notwendig ist, um „den Verstand zu einem gewissen Ziele zu richten“.

28.

Meines Erachtens kann man die verschiedenen Gesichtspunkte, die für die Psychoanalyse unbedingte Gültigkeit haben, unter der Überschrift „Einstellung zur Seele" (L. Wittgenstein, Philosophische Untersuchungen, Teil II, IV) subsumieren. D.h. man wagt das Postulat, daß der Analysand die Fähigkeit hat, Sinn, seinen Sinn zu finden, ohne von einem begrifflichen, schon gegebenen Vorentwurf auszugehen oder abhängig zu sein (W. Loch, 1991).

29.

Vertex, Perspektive darf man unter dem Begriff *Vorurteil* subsumieren. Damit können wir an Freuds oben zitierte Bemerkung anknüpfen, wonach Bedeutung haben – dies Kennzeichen des Seelischen schlechthin („mind is the meaning of behaviour" heißt es bei H.J. Home, 1962, 43-49) – einer „Erwartung", einem Glauben entspricht. Kant (KV B 851, A 823) hatte Glauben definiert als ein Für-wahrhalten, das subjektiv als zureichend, objektiv als ausreichend begründet gilt. Für den Therapeuten und also für den Analytiker ist es besonders interessant, daß Kant einen *„pragmatischen Glauben"* (B 852, A 853) kennt, der dort ausschlaggebend ist, wo am Krankenbett auch dann etwas getan werden muß, wenn die Krankheit unbekannt ist, eine Handlung aber dringend geboten erscheint. Der Arzt wird unter diesen Umständen handeln, obwohl er weiß, daß seine Einsichten letztlich begrenzt sind. Er hält sie für „komperativ zureichend" und wagt einen Eingriff, besitzt aber niemals subjektiv und objektiv zureichende Gewißheit, d.h. das Erreichen seines Handlungszieles bleibt stets unsicher. Der Kranke kann nur hoffen, der Handelnde wird nicht aufgrund einer „Überzeugung" tätig, die letztlich nur auf einer inneren „Überredung" beruht, die also „bloßer Schein" („Privatgültigkeit") wäre (B 848, A 820). Aus diesen Zusammenhängen folgt: „*Glaube als der Modus des Fürwahrhaltens*, indem zu einer bestimmten Zeit, ohne die Möglichkeit eines Kriteriums der Wahrheit, *wegen des Handelnmüssens etwas ‚wirklich' für wahr gehalten* wird, ist, wie man sieht, „der eigentliche Punkt der Wirklichkeitserschließung ..." (J. Simon, 1989, 15, i.O. hervorgeh.). Man kann demgemäß sagen, „Fürwirklichhalten" entspricht „dem Glauben", besser noch einer „Glaubenskraft" (J. Simon, 1989, 242-260, 251) und vice versa.

30.

Wenn wir vom *Vertex Glauben*, von dem „Vorurteil", der „Erwartung" ausgehen, daß die verbalen und averbalen Äußerungen des Analysanden Sinn und Bedeutung haben sollen (d.h. also, daß sie ihnen zugesprochen werden), dann sind Sinn und Bedeutung nicht etwas, was wir entdecken, sondern es sind Konstruktionen, ein Sollen liegt ihnen zugrunde. Wie aber stimmt das Zusprechen, das „Konstruieren" mit Freuds Angabe zusammen: ... „jeder psychische Akt beginnt als unbewußter und kann entweder so bleiben oder sich weiter entwickelnd zum Bewußtsein fortschreiten, je nachdem, ob er auf Widerstand trifft oder nicht" (1912, 436)? Muß nicht, wenn dieser Ablauf stimmt, der Widerstand, der Zensor, den bisher unbewußten Inhalt schon kennen? In der Tat wird ja gesagt: „Die Psychoanalyse läßt keine Möglichkeit übrig, daran zu zweifeln, daß die Abweisung unbewußter Gedanken bloß durch die in ihrem Inhalt verkörperten Tendenzen" – von denen man natürlich annehmen muß, daß sie bereits perzipiert wurden und als gefährlich eingestuft worden waren – „hervorgerufen wird." Dann aber ist zu folgern, und Freud tut es explizit: „Die Unterscheidung zwischen vorbewußter und unbewußter Tätigkeit ist keine primäre, sondern wird erst hergestellt, nachdem die ‚Abwehr' ins Spiel getreten ist" (l.c.). Ohne die genannten Voraussetzungen könnten weder die „Versprecher", wie sie im alltäglichen Leben nicht selten sind, noch die Verschiebung und Verdichtung, deren Rückgängigmachung zur Kunst des Traumdeutens gehört, noch die Symptome „erklärt" werden.

31.

Mit anderen Worten, das menschliche Wesen, das das Phänomen *Widerstand* bietet, dem wir also einen inneren Zensor zuerkennen, ist dazu nur fähig, insoweit es sprechen kann und insoweit es ein *Ich und ein Überich* im Sinne Freuds entwickelt hat. D.h. ein ‚Organ' besitzt, das ihm die Wahrnehmung von wünschen, glauben, hoffen, sich bemühen, etwas befürchten, überrascht sein, lieben, hassen usw. ermöglicht, d.h. ein Ich hat und ein zweites Organ, das Überich, das die Wahrnehmung dieser Zustände beurteilt im Hinblick auf ihre Kompatibilität mit diesen Gemütszuständen und seinem Ich. Dies muß genau deshalb erfolgen, weil dieses Ich nur existent sein kann, wenn es vom Überich affirmiert wird, und zwar primär in seinen Wahrnehmungen und sekundär in seinen Einstellungen ‚als solchen', unabhängig davon, ob sie zu billigen oder zu verwerfen sind.

32.

Dieses Ich und dieses Überich sind nun zweifellos an die Sprache im Sinne des Austausches von Worten und Zeichen gebunden. Sie ist es, die uns gestattet, die Dinge, die anwesenden wie die abwesenden, zu nennen, eben zu be-zeichnen und mit ihnen bzw. über sie zu handeln und zu reden. Ja auch das argumentative, das diskursive, vernünftige Denken ist nur über *zeichenvermittelte Kategorien* (Schemata) möglich (F. Nietzsche, 1886/87, 5, 22; vgl. Nietzsche, 1885, 20, wo der Philosoph von der unbewußten Herrschaft und Führung durch die Grammatik handelt). Ja, es muß bedacht werden, daß, erst nachdem „ein Zeichen" (ein Wort W.L.) für eine „Sache" da ist, man im Stande ist zu „fragen und sagen", was „das Zeichen" sachlich bedeute. Und erst *„mit"* dem Aufkommen des Zeichens *war* die Sache dagegen schon vor ihm da" (J. Simon, 1989, 124), was einer *Nachträglichkeit* gleichkommt.

33.

Eben dasselbe gilt für die *„innere Erfahrung"*. Sie – und nun erinnern wir uns, was soeben (§20) über den Zusammenhang zwischen körperlichem und seelischen Schmerz von Freud zitiert wurde – (Nietzsche, 1888, 15 [90], KSA, Bd. 13), „tritt uns ins Bewußtsein erst nachdem sie eine Sprache gefunden hat, die das Individuum *versteht* ..." Zu bedenken ist, „daß die Sinnesempfindung, welche man naiv als bedingt durch die Außenwelt ansieht, viel mehr durch die Innenwelt bedingt ist: daß jede eigentliche Aktion der Außenwelt immer unbewußt verläuft" und „das Stück Außenwelt, das uns bewußt wird, ist nachgeboren nach der Wirkung, die von außen auf uns geübt wird, ist *nachträglich* projiziert als deren ‚Ursache'". D.h. „daß die Ursache imaginiert wird, nachdem die Wirkung erfolgt ist" (15 [90]), womit wir bei Nietzsche ein Analogon zu Freuds *„Nachträglichkeit"* finden. Der Philosoph fährt fort, „dasselbe gilt auch von der Abfolge der *Gedanken*". Ja, es gilt ebenfalls für die *„Gefühle"*, hinter denen „Urteile und Wertschätzungen" stehen, „welche ... uns vererbt sind" (F. Nietzsche, 1881, Bd. 3 KSA, M 35). Wird diese Auffassung zugrunde gelegt, dann ist zu folgern, „die ganze ‚innere Erfahrung' beruht darauf, daß zu einer Erregung der Nerven-Zentren eine Ursache gesucht und vorgestellt wird – und daß erst die gefundene Ursache *ins Bewußtsein* tritt: Diese Ursache ist schlechterdings nicht adäquat der wirklichen Ursache" – wir ‚tasten' „auf Grund der ehemaligen ‚inneren Erfahrungen'", d.h. „des Gedächtnisses"; es „erhält auch die Gewohnheiten der alten Interpretation, d.h. deren irrtümliche Ursächlichkeiten ... so daß die innere Erfahrung in sich noch die Folgen aller ehemaligen Kausal-Fiktionen zu tragen hat" (l.c.; i.O. hervorgeh.). Wir können hier einsetzen: sie enthält die schon erwähnten Ursächlichkeiten der prähistorischen Realität.

34.

Auf der Grundlage dieses Denkens vertritt Friedrich Nietzsche (1880, KSA, Band 9; 6 [253]) die Auffassung, „der Gedanke ist ebensowohl wie das Wort nur ein Zeichen: Von irgendeiner Kongruenz des Gedankens und des Wirklichen kann nicht die Rede sein. *Das Wirkliche ist irgendeine Triebbewegung*" (Hervorhebung W.L.). Hier ist daran zu erinnern, daß Freud im „Es", also im Triebreservoir, das „eigentlich Seelische" sah (1926 a, 223) und es damit von den Affekt- und Wortrepräsentanzen, die insgesamt „Zeichen" sind, trennte. Und wenn Nietzsche „die Zeit der Triebe ohne Gedanken" von der „Zeit der Triebe mit Gedanken" unterscheidet (l.c. 6 [265]), dann haben wir darin eine Parallele zu Freuds Auffassungen über die verschiedenen „Umschriften“ (siehe Brief an Fließ vom 6.12.96), denen unsere „Erinnerungsspuren“ unterliegen. Mit anderen Worten „das Gedächtnis ist (jeweils) nicht einfach, sondern mehrfach vorhanden, ist in verschiedenen Arten von *Zeichen* niedergelegt“ (in mindestens drei, wobei die beiden ersten dem Bewußtsein unzugänglich sind), und erst die 3. „Niederschrift“ ist mit dem „Vorbewußtsein“, das unserem „offiziellen Ich“ zugehört, identisch (Hervorh. W.L.). Das Vorbewußtsein ist an „Wortvorstellungen (also an ‚Zeichen‘) gebunden“, die mit ihm identisch sind. Indem die Wortvorstellungen, diese Zeichen, durch ihre Grammatik zu einem das Denken bestimmenden System wurden, ist dann zunächst darüber entschieden, nach welchem Schema das Denken, Reden und Handeln verlaufen darf und verlaufen muß.

35.

Friedrich Nietzsche hatte 1885 (20) die *„unbewußte Herrschaft und Führung durch gleiche grammatische Funktionen“* herausgestellt, infolge derer „zu gewissen anderen Möglichkeiten der Welt-Auslegung (der) Weg abgesperrt erscheint“. Man sieht, unsere grammatischen Schemata als solche fungieren als Widerstand gegen eine neue Interpretation der Welt, und das heißt auch gegen alle möglichen Einsichten in innere Zusammenhänge.

36.

Daß mit der Übernahme der Worte und Zeichen etwas Entscheidendes geschieht, hatte Freud im Entwurf einer Psychologie (1895) gezeigt. Er schrieb, daß *„das Ich diese Wortbilder vorbesetzt, wie früher die Wahrnehmungs-Abfuhr Bilder“* (444). Die letzteren *sind* für Freud synonym mit „assimilierbaren Bewegungsnachrichten“, oder „Bewegungsbildern“, die dem Ich mittels „eigener Erfahrung“ aus seinem Handeln und Erleben, welches zum „Verstehen“ führt, d.h. aus dem Umgang mit dem „Wunschobjekt“ (dem primären Objekt), zuteil werden. Das Wunschobjekt (die Mutter) ist demnach (443, 445, 462) ein „unassimilierbarer Teil“ („Sache“, „Ding“, Subjekt). Natürlich ist auch das Wunschobjekt Interpretationsprodukt, ist Deutung des Babys, wenngleich es nicht verstanden ist, so daß sich Freuds Diktum erklärt, „was wir Dinge nennen, sind Reste, die sich der Beurteilung entziehen“ (1895, Entw., 1950, 418).

37.

Alle diese Vorgänge faßte Freud zusammen in der lapidaren Formel *„Am Nebenmensch lernt der Mensch erkennen“* (415). Wir dürfen hinzufügen, und durch die Interaktion mit dem Nebenmenschen lernt er seine (Mutter)Sprache, wobei natürlich dieser Nebenmensch seinerseits schon durch seine biologischen und sozialen Vorfahren in Sprach- und Denkschemata hineingeformt wurde. Man kann hier im Hinblick auf die bio-sozial tief verankerte Form der Auslegung sagen, „*der Glaube an den Leib* ist fundamentaler als der Glaube an die Seele“ (F. Nietzsche, 1885/86, KSA, Bd. 12, 2 [102]), liegen ihm doch die „Ur- und Primäridentifikationen“ zugrunde (H. Lenk, 1992, 17, 52), die das reflexhafte Handeln lenken, aber er ist das Fundament, das die Bildung der Seele, nämlich das Sprechen, Denken und also Sinnfinden ermöglicht.

38.

Wenn also im psychoanalytischen Deutungsprozeß, wie Freud immer wieder sagte, *Sinn und Bedeutung erraten* werden (auf das im Erraten enthaltene Moment des Divinatorischen hatte in bezug auf alle Hermeneutik F.D.E. Schleiermacher aufmerksam gemacht; zit. nach M. Frank, 1977, 289), die für den Patienten und den Analytiker als plausibel, als vernünftig imponieren, dann ist dies nur möglich, weil für beide Teilnehmer des Diskurses infolge ihrer Sozialisation ein „Weltvorverständnis“, ein *„Hintergrundverständnis“* identisch ist, von dem her ihre „Erfahrung verstanden werden kann“ (Ch. Taylor, 1991, in : B. McGuinness, Hrsg.: 94-120, 108 f.). Und die „Bedeutungserklärung“ (der deutende Analytiker erklärt dem Analysanden den Sinn seiner Symptome ...) *hat als letzten Bezugspunkt „eine Lebensform“* (l.c. 119)[14], sei es die gegenwärtige, sei es die der prähistorischen Vorzeit. Eine weitere wesentliche Voraussetzung ist nicht zu vergessen: „Verständlichkeit wird (immer) von vornherein vorausgesetzt" (l.c. 108). Dies läuft darauf hinaus, und jetzt knüpfe ich an das oben über die „Einstellung zur Seele" Gesagte an: „Sinnbeilegen ... heißt annehmen, daß – der Analysand – sich (nach unserem eigenen Verständnis freilich) jetzt und hier widerspruchsfrei ver-hält (verhielt), das Wahre glaubt und das Gute liebt (liebte)" (D. Davidson, 1980, 312), erfüllt also die *Minimalbedingungen der Rationalität*, was jedoch nicht immer der Fall ist.[15] Wahrheit wird hier im Sinne eines „primitiven Begriffes" (J. Simon, 1978, 144-145) gebraucht, der nicht „mit anderen Begriffen ‚erklärt'" werden kann. Sie ist *als „Vollzug" verstanden*, „wie er in jeder geistigen Tätigkeit nach der Form des Verstehens des Übergangs von einer Position zu deren Negation geschieht". Diesen Vollzug zu erklären, ist unmöglich, denn wie sollte man z.B. die Bedeutung von „Negieren" angeben können, ohne zu negieren, d.h. man muß „unterstellen", ... „der andere" – „*kann*" – „selbst schon *negieren*" (i.O. hervorg.). *Diese Art von Wahrheit ist „das – uns alle* (W.L.) *– grundlegend Verbindende"*.

---

[14] „... man muß zuletzt seine Erfahrungen mit einander *gemein* haben" (F. Nietzsche, KSA, Bd. 5, §268, i.O. hervorgeh.).

[15] D. Meltzer (1973, 92) beschreibt Persönlichkeiten, die der Handlungsmaxime folgen: „Evil be Thou my good". Sie rechtfertigen ihre destruktiven Akte, indem sie verkünden, die Zerstörung müsse dem Ausbruch des ewigen Friedens vorausgehen.

39.

Die skizzierte Minimalbedingung der Rationalität ist das „Merkmal des Geistigen" schlechthin. Es besteht darin, daß wir dem „Individuum ... Gründe, Überzeugungen und Absichten" ... zuschreiben und ihm dafür auch eine *„Verantwortlichkeit"* zuerkennen. Analytisch gesehen wird also impliziert, der andere ‚hat' Sprache und er hat ein Überich. Er versteht Befehle, er weiß vom Sollen. Allerdings, alle genannten Qualitäten sind, und ich komme so auf Freuds oben zitierte Bemerkung zurück, letztlich „Vorurteile", Postulate, sind Erwartungen des „Nebenmenschen", des sogenannten „reflexiven Objektes" in der Terminologie des Analytikers A. Parkin (1987, 185-195), das ja mit seinen Geboten und Verboten immer, ohne es explizit zu wollen, eine je bestimmte Form eines Überichs darstellt. Dies ergibt sich ohne weiteres aus der Grammatik seiner Sprache und seiner Lebensform, die, insoweit sie das die psychoanalytische Situation umgreifende Setting betrifft, ihm und dem Analysanden gemeinsam sind und gemeinsam binden. Es sind dies Verhältnisse, die z.B. das Kleinstkind anzunehmen gezwungen ist, nur so kann es überleben. Wenn man so will, kann man das, was hier geschieht, eine *„Abrichtung"* heißen oder eine *„Indoktrination"* (L. Wittgenstein, Zettel, in: Schriften Bd. 5, §§318, 419; Philos. Untersuchungen §§189, 198).

40.

Ich glaube, daß die Deutungen des Analytikers, die sich auf die „einzelne(n) Element(e) des Materials, einen(m) Einfall, eine(r) Fehlleistung und dergleichen beziehen“ (S. Freud, 1937, 47), oder die Analyse desjenigen Widerstandes betreffen, der dem Bewußtwerden der Übertragung gilt (M.M. Gill und Z. Hoffmann, 1982, 137-168; M.M. Gill, 1979, 263-288), dann passen und also „wahr“ im soeben genannten Sinne sind, wenn es um Situationen, um Erlebnisse geht, die zu einer Zeit vorfielen, zu der der Analysand bereits in seinem Tun und Denken über *Begriffssysteme* verfügte, *die mit denen des Analytikers übereinstimmen.*[16] Es geht in solchen Fällen um die Identifikation und Exploration vorbewußter Anknüpfungspunkte der Übertragung und des Widerstandes im Hier und Jetzt. Dies betrifft (wenn wir Freud folgen) ein Geschehen, das in einem sehr frühen Alter sich abspielte, meinte doch Freud im schon erwähnten Brief (6.12.1896), daß die in „verschiedenen Arten von Zeichen niedergelegten ... Erinnerungsspuren“ „nach einer ersten Niederschrift“, die bewußten „Wahrnehmungen“ entspricht und

[16] Wenn ich J. und A. Sandler (1987), The past and the present unconscious, Int. J. Psychoanal., 68, 331-341) richtig verstehe, fassen sie die hier diskutierten Phänomene unter dem Begriff „present unconscious“, dessen „Inhalte“ die Autoren für „eher direkt zugänglich“ halten, wohingegen das „past unconscious“ (s. diese Arbeit, §43) eine „theoretische Konstruktion“ sei.

„nach Gleichzeitigkeitsassoziationen gefügt" sei, die aber „keine Spur des Geschehenen bewahren" (also eigentlich keine seelischen Spuren überhaupt sein können!), eine zweite Niederschrift erfahren, die nach „Kausalbeziehungen angeordnet ist", deren „unbewußte Spuren ... etwa *Begriffs*erinnerungen[17] entsprechen", ihrerseits aber immer noch „dem Bewußtsein unzugänglich" sind. Wir dürfen mithin annehmen, daß Begriffe – Nietzsche (1885, KSA, Bd. 5, 268) läßt sie aus „Bildzeichen für oft wiederkehrende und zusammenhängende Empfindungen" hervorgehen – als Formen der Erlebnisspuren in Verbindung mit kausalen Relationen ein ‚primäres' Denkbewußtsein ermöglichen (ich bilde diesen Begriff in Parallele zu Freuds „sekundären Denkbewußtsein" (l.c.), welches an Wortvorstellungen (wie erwähnt) gebunden ist. Freud konstruierte die vorgetragene Hypothese, um sich „Eigentümlichkeiten der Psychoneurosen (zu) erkläre(n)" (l.c.). Denn „wo die spätere Überschrift fehlt, wird die Erregung nach psychologischen Gesetzen erledigt, die für die frühere psychische Periode gelten". Damit bleibe „ein Anachronismus bestehen", „in einer Provinz gelten noch ‚Fueros'", wobei das letztere Wort aus dem Spanischen kommend heißt, hier gilt noch ein „älteres Lokal- oder Sonderrecht vor der *Durchsetzung einer zentralen Gesetzgebung*" (siehe Anmerkung zum

[17] In: „Zur Auffassung der Aphasien" (16) macht Freud die Annahme: es bedürfe zum Sprechen „einer besonderen Erregung ... *vom Begriffe her*". Ich verdanke diesen Hinweis Herrn Dr. Reicheneder (Berlin).

Brief an W. Fließ in M. Masson, Hrsg., 1985; auf Parallelen, die hier zwischen Freuds Auffassungen und denen von J. Piaget bestehen, sei hingewiesen).

41.

‚*Zentrale Gesetzgebung*' erinnert an Nietzsches Wort von den *gleichnamigen Denkschemata* und an Wittgensteins Feststellung, wonach zur wechselseitigen Verständigung „nicht nur eine Übereinstimmung in bezug auf Definitionen ..., – sondern *auch* eine Übereinstimmung in Urteilen" notwendig ist (L. Wittgenstein, 1974, 343). Wie eng diese Feststellungen mit der Praxis zusammenhängen, sagt der Satz, „die Grenzen der Empirie sind nicht unverbürgte Annahmen oder intuitiv als richtig erkannte; sondern Arten und Weisen des Vergleichens *und Handelns*" (l.c. 387, Hervorh. W.L.).

42.

Es ist aber zu ergänzen: Die Sicherheit der Urteile, das „Wissen", „die *beruhigte Sicherheit*" (i.O. hervorgeh.) einer Lebensform bedarf eines Etwas, das „jenseits von berechtigt und unberechtigt liegt", es ist „gleichsam ... etwas Animalisches" (L. Wittgenstein, 1949/59, 1970, 356, 357, 358, 359), womit Triebelemente angesprochen sind, das gegeben sein muß, auf daß Wissen und Urteilsbildung erfolgen können. Letztere erfordern ein weiteres Implikat, nämlich: deren „vollkommene Sicherheit" bezieht sich nur auf seine (des betreffenden Subjektes, W.L.) Einstellung"[18] (l.c. 404; auch Anm. §70). Diese Einstellung – und damit finden wir den Anschluß an die (§§40, 41) „zentrale Gesetzgebung" – läßt die Frage entstehen: „Ist es also so, daß ich gewisse Autoritäten anerkennen muß, um überhaupt urteilen zu können?" (l.c. 493). Insofern dies geschieht, und es geschieht im hier gemeinten Sinne über die Sprache und ihre Grammatik, wird eine „Übereinstimmung im Handeln" möglich, auf welchem das „Phänomen der Sprache" beruht (L. Wittgenstein, 1974, 342).

43.

In den angeschnittenen Zusammenhang gehört, daß Freud *„normale Abwehr"* nannte (Brief vom 6.12.96), was sich innerhalb derselben psychischen Phase und unter „Niederschriften derselben Art" abspielt. *„Pathologische Abwehr"*[19] wurde für „nicht

[18] Allerdings gilt, in bezug auf Etwas vollkommen sicher sein, ist keine Garantie für dessen Wahrheit (N. Malcolm, 1986).

[19] S. dazu auch K.R. Eissler (1953). Er unterscheidet ebenfalls primäre und sekundäre Abwehr („resistance"). Die erstere ist gegen das Es, die letztere gegen die erstere gerichtet (138). Eine starke Besetzung der sekundären Abwehr findet sich bei Neurosen, eine schwache bei Psychosen (140).

übersetzte Erinnerungsspuren aus früherer Phase" reserviert. Können wir vielleicht sagen, daß Konstruktionen immer dann zu bilden sind, wenn es um Erinnerungsspuren geht, die noch nicht übersetzt wurden? Ich glaube, wir dürfen diese Folgerung ziehen, denn wie oben gezeigt, sind ja die traumatischen Situationen per definitionem Zustände der Objektlosigkeit, die mit Vorgängen, die des Bewußtseins entbehren, gekoppelt sind und bis zu einer Aufhebung der eigenen Existenz gehen, und denen höchstens Niederschriften der Wahrnehmung entsprechen. Entsprechen diese Erlebnisse Bions Beta-Elementen? Zweifellos dürfen wir sagen, die Deutung dieser Vorgänge ist eine Konstruktion. Damit *„konstruiert der Analytiker eine Bedeutung, die niemals geschaffen worden war, bevor die analytische Beziehung begann"* (A. Green, 1975, 1-22, 12; vgl. S. Viderman [1970, 164]. Hier wird ebenfalls die Meinung vertreten, daß der Analytiker keine präexistente Phantasie reproduziert, sondern durch seine Rede [bzw. Deutung] etwas produziert, was es vorher so nicht gab, wobei allerdings angeborene Schemata ko-determinierend wirken, so daß totale Willkür ausgeschlossen ist). Wir „binden" so das „Inchoate", das Beginnende, noch unvollkommen Entwickelte, in eine „bedeutungsvolle Form, die als Modell für die Entschlüsselung einer noch ausstehenden Situation benutzt werden kann" (l.c. 11). Ähnliches spielte sich bei der Therapie autistischer Kinder ab. Wie F. Tustin (1986) zeigt, ist der Therapeut, weil in diesen Zuständen „sensible Reizungen" und keine „Objekte" gesucht werden, so daß keine Phantasiebildung über Objekte möglich war, genötigt, „Interpretationen auf der Basis seines allgemeinen Wissens" vorzunehmen (228). Freud hatte schon in der Krankengeschichte des kleinen Hans vermerkt, daß dem kleinen Buben „während seiner Analyse ... vieles gesagt werden (mußte), was er selbst nicht zu sagen weiß", und es „müssen ihm Gedanken eingegeben werden, von denen sich noch nichts bei ihm gezeigt hat" und hinzugefügt: „Ohne solche Hilfe kommt niemand aus" (1909, 339).

44.

A. Green ist zuzustimmen, wenn er in der gedankenreichen Arbeit, aus der ich zitiere, darauf hinweist, daß in den letzten Jahrzehnten zahlreiche Analytiker immer deutlicher sehen, daß den neurotischen und den sogenannten perversen Manifestationen ein psychotisches Geschehen zugrunde liegt, so daß die ersteren Gruppen die Abwehr des letzteren darstellen (5). Dies bedeutet, daß die *psychotische Abwehr* um die Alternative „Wahn oder Tod" (7) kreist, daß die analytische Deutungskunst den Versuch unternehmen muß, eine Verknüpfung von Triebrepräsentanzen, das sind libidinös oder aggressiv besetzte Emotionen, mit Objekten versuchsweise herzustellen, damit der Sturz ins Nichts resp. die Flucht in eine Wahnwelt aufgehalten werden kann und unnötig wird. Denn nur durch eine derartige Verkoppelung ereignet sich eine „primäre Formwerdung", bei der gleichsam frei flottierende Triebquanten mit einem primären Objekt zusammenstoßen (W. Loch, 1962/63, 45-65, 63, 62; W.R.D. Fairbairn, 1952, Hartmann, E. Kris und R.M. Loewenstein, 1949, 3-4, 9-36).

45.

Eine entscheidende Rolle spielt die soeben erörterte Auffassung im Werk W.R. Bions. Er geht vom Begriff „Katastrophe“ (1963, 1970) aus und sieht (z.B.) seine Aufgabe gegenüber einem psychotischen Patienten, der zwar sein ständiges Katastrophengefühl als solches signalisiert, aber nicht im Stande ist, es zu symbolisieren (siehe M. Eigen, 1985, 321-330, l.c. 323), darin, letzteres stellvertretend für ihn zu tun. Der Analytiker wird damit zum *„Sinn-Stifter“* (324, Hervorh. W.L.). Für Bion hat auch der Übergang von Beta-Elementen zu Alpha-Elementen, d.h. von Zeichen zu Symbolen den Charakter einer Sinn-Stiftung. Eigen macht in diesem Kontext zu Recht darauf aufmerksam, daß „eine Fähigkeit ins Spiel treten muß, die mehr involviert als Wissen, das Teil einer Krankheit sein kann, falls Heilung oder ein tiefer Reifungsprozeß sich ereignen soll“ (l.c. 326). Für Bion ist dies ‚mehr‘ „Glaube“ schlechthin, wobei „es offen bleibt, woher dieser Glaube kommt“ (l.c. 329). Katastrophen und Glauben sind als natürliche Vorkommnisse zu begreifen, sie gehören untrennbar zusammen.

46.

Bekanntlich sah D.W. Winnicott in der „undenkbaren Angst“ (1971, 97, vgl. ders. 1958, ders. 1962, 1965), die in offenkundiger Analogie zur Katastrophe bei Bion steht, das Ergebnis einer fehlerhaften und unzureichenden Fürsorge, einer versagenden *„facilitating environment“*. Sie wird dafür verantwortlich gemacht, daß das Baby das Gefühl, als „Einheit zu existieren“, (l.c. 329) in nur unzureichender Form erlebt und nicht als inneren konstanten Besitz erfährt.

47.

1977 wurden Bions Arbeiten über „The Grid“ und „The Caesura“ (Two papers, Brazil, Imago Editoria) veröffentlicht (hier zitiert nach der Ausgabe 1989, London). Hier wird die Frage gestellt, ob es möglich sein kann, daß das postnatale Bewußtsein die „Zäsur der Geburt“ (das Wort Zäsur wird in diesem Zusammenhang von Freud benutzt, 1926, 169) zu durchdringen vermag (penetrate), um zur praenatalen Dimension zu gelangen; bzw. ob das postnatale Bewußtsein einen Zugang zu der ihm vorausliegenden Welt zu finden vermag. Freud selbst hatte (l.c. 165) im Hinblick auf den Foetus vermutet, er würde von „großen Erregungssummen“ erreicht, die „eine großartige Störung der Ökonomie seiner narzißtischen Libido“ bewirken, „Unlustempfindungen“ erzeugen und „erhöhte Besetzungen ... manche(r) Organe ...

erzwingen“ (165). Folgen wir diesen Hypothesen, dann kann man mit Bion (l.c, 51/52) annehmen, daß für eine Übersetzung solcher Verhältnisse „rationale Interpretationen“ unzureichend sind. Bion fordert deshalb zur Erforschung der Zäsur[20] – sie bewirkt eine traumatische Situation (s. §13), insofern sie wie diese zunächst ‚objektlos‘ ist, weil diejenigen Verhältnisse (Beziehungen), die vor der Zäsur (etwa vor der Geburt) gegeben waren, nach der Zäsur (z.B. im extrauterinen Leben) durch andere, neue ersetzt werden müssen – sich ganz auf die Gegenübertragung zu konzentrieren, auf eine „transitiv-intransitive Stimmung“ (56), eine Formulierung, die m.E. auf ein Oszillieren zwischen Dualunion und Separation (Triangulierung) verweist. Dezidiert vertritt Bion die Meinung, die Überwindung der Zäsur verdiene Priorität vor der Untersuchung des Analytikers oder des Analysanden, des Unbewußten oder des Bewußten, der Gesundheit oder des Wahnsinns.

48.

Soweit ich sehe, versteht Bion diesen Vertex, diese Untersuchung der Zäsur als eine Garantie dafür, daß wir es verhindern, den Analysanden nach unserem

[20] Bion kennt zahlreiche Zäsuren, wie z.B. bewußt/unbewußt, memory/desire, insanity/sanity, narcissism/socialism. Man darf annehmen, daß für Großgruppen überwältigende Katastrophen, wie z.B. der Holocaust, eine Zäsur sind, die zu Mutationen der psychischen Struktur führen.

eigenen Bilde zu gestalten. Allerdings auch die „*language of achievement*“, die die Brücke schlagen soll, und die Bion von der „*language of substitution*“ (1970) abtrennt, ist Konstruktion. Wir dürfen demgemäß in allen psychoanalytischen Deutungsbereichen von Konstruktion sprechen.

49.

‚Bedeutung‘, „Sinngebung“ im Rahmen eines psychoanalytischen Prozesses sich ereignend, verlangen hinsichtlich der Lebenswelt, aus der sie erwachsen, die Berücksichtigung der folgenden Gesichtspunkte: Das *psychoanalytische Setting* und die *strikte Abstinenz des Analytikers* begünstigen eine *Regression* des Analysanden, und damit schaffen sie eine Abhängigkeit, bringen sehr frühe Übertragungen positiver wie negativer Art, die auf die Elternfiguren zurückgehen, ins Spiel. Zweifellos erhöht sich so die psychische Labilität und Formbarkeit des Analysanden. Sie begünstigen zudem in besonderer Weise, daß in der Analyse entstehende *Überzeugungen* von der Richtigkeit der Deutungen nicht auf „Denkarbeit“ des Analysanden, also nicht auf kritische Aneignungen zurückgehen, sondern auf der Grundlage einer „*erotischen Bindung*“ erwachsen (S. Freud, 1921, 143). Sie ist ja auch in der sogenannten unanstößigen, milden Übertragung gegeben, wenn auch in sublimer Form, deren Bedeutung für den psychoanalytischen Prozeß Freud vielfach betonte (siehe oben).

Am 6.12.1906 schrieb er unter Berücksichtigung dieser Verhältnisse an Jung, daß „unsere Heilungen durch die Fixierung einer im Unbewußten regierenden Libido zustande kommen (Übertragung)“, nämlich an die Eltern bzw. den „Vaterschutz“[21] [letzterer ist ein „Bedürfnis“, dem Freud höchste Bedeutung zuerkannte (1930, 430); *Schutz* bezieht sich m.E. vorab auf die affirmative Funktion des Vaters hinsichtlich des Bezuges des Kindes zu seiner Mutter, was Freud dadurch zum Ausdruck bringt, daß er (l.c.) in ihm das Gegengewicht gegen einen „uneingeschränkten Narzißmus“ und das Realitätsprinzip verleugnende „ozeanische Gefühl“ sieht]. ... „Diese gibt die Triebkraft zur Auffassung und Übersetzung des Unbewußten her; wo diese sich weigert, nimmt sich der Patient nicht diese Mühe oder hört nicht zu, wenn wir ihm die von uns gefundene Übersetzung vorlegen. Es ist eigentlich eine Heilung durch Liebe. In der Übertragung liegt dann auch der stärkste, der einzig unangreifbare Beweis für die Abhängigkeit der Neurosen vom Liebesleben“ (Freud/Jung, 1974, 13).

---

[21] In diesem Zusammenhang darf erinnert werden, daß Nietzsche den Begriff Übertragung mindestens zweimal benutzte: „Die Mutterliebe – allmählich zur Liebe überhaupt. Ebenso die Geschlechtsliebe. Überall erkenne ich *Übertragungen*“ (i.O. hervorg.). Und: „Gesetzt ich halte jemanden für meinen Vater, so folgt daraus vielerlei, für jede seiner Äusserungen gegen mich: Sie werden anders interpretiert“ (KSA, Bd. 7, 19 [223]) u. (KSA, Bd. 12, 5 [19]).

50.

Es ist klar, würde der psychoanalytische Prozeß stets und ausschließlich von einer starken positiven Übertragung, der ja geradezu Hörigkeitscharakter zukommen könnte, getragen, dann wäre die Gefahr einer *Indoktrination* des Analysanden außerordentlich groß. Der Analysand bliebe in einer kompletten Identifikation oder auch Imitation mit dem Analytiker stecken, und das Resultat ähnelte tatsächlich einer sogenannten folie à deux. Und dies wäre sogar dann der Fall, wenn die Deutungen des Analytikers Inhalte vermittelten, die als ‚plausibel' gelten könnten, denn die auf Übertragung beruhende Akzeptanz von Begriffen, von einer bestimmten Grammatik der Sprache, wie sie sich zwischen Analytiker und Analysand entwickelt, worin eine deutliche Begrenzung der behandelten Thematik liegen kann, bliebe bestehen (M. Balint 1970, 128).

51.

Aber auch wenn es dem Analytiker gelingt, eine derartig komplette Identifikation des Analysanden immer wieder aufzuheben, und es wurde ja wiederholt darauf verwiesen, daß die Aufhebung der Übertragung genau für den Eintritt eines solchen Ereignisses sorgt, wodurch der Analysand „überzeugt" wird, daß er „Gefühlsrelationen *wiederbelebt*" hatte, die „aus der verdrängten Periode seiner Kindheit herstammen" (S. Freud, 1925, 68), besteht die Möglichkeit, daß zwar eine quasi neutrale Überzeugung oder richtiger ein „Gefühl der Überzeugung“ gewonnen wurde, dies aber garantiert keineswegs, daß sein Inhalt wahr ist, denn sensu strictiori sind *Überzeugungen „ein Geständnis“*, aber nicht ein „Beweisgrund“ (Kant, zitiert nach J. Simon, 1989, 145), sind subjektive Fürwahrhaltungen, aber keine objektive Gewißheit (Kant, KV B 851).

52.

Eine echte Überzeugung von der Richtigkeit der gegebenen Deutung erfährt der Analysand, wenn die vom Analytiker „erschlossenen unbewußten Akte“, die der Analytiker zur „Erklärung“ von bewußten Akten ‚glaubt‘ „voraussetzen“ zu müssen, „für die aber das Bewußtsein nicht zeugt“ (S. Freud, 1913, 265), nicht nur einen Gewinn an „Sinn und Zusammenhang“ bringen, sondern insofern es sich zeigt, *„daß wir auf die Annahme des Unbewußten“* (seiner Bedeutung) „ein erfolgreiches Handeln aufbauen können“. Hierin, in diesem *Pragmatismus,* sah Freud wie Kant (s. §29) letztlich „einen unanfechtbaren Beweis für die Existenz des Angenommenen“ (l.c.). Einen anschaulichen ‚Beweis‘ für einen derartigen Zusammenhang liefert der Fall eines Patienten, der mit 50 Jahren einen zweiten Beruf ergriff, nachdem die Deutungsarbeit uns hatte erkennen lassen, daß seine erste Berufswahl mit der Erfüllung eines Wunsches seiner Mutter, den sie im Namen des verstorbenen

Vaters vertrat, eng zusammenhing und daß der zweite Beruf, der mit seiner alten, geheimen Sehnsucht verknüpft war, ihn nicht in einen ‚totalen‘ Gegensatz zum Vater brachte. Diese Sichtweise war das Ergebnis der vom Analytiker gemeinsam mit dem Analysanden erarbeiteten Konstruktionen, in denen sich „Verstehen“ und „Erklären ... miteinander in Einklang“ bringen ließen (W. Stegmüller, 1975, 121). Freud (1938, 127) beleuchtet diesen Vorgang wie folgt: „Wir erschliessen auf diesem Wege eine Anzahl von Vorgängen, die an und für sich ‚unerkennbar‘ sind, schalten sie in die uns bewussten ein und wenn wir z.B. sagen, hier hat eine unbewusste Erinnerung eingegriffen, so heisst das eben: Hier ist etwas für uns Unfassbares vorgefallen, was aber, wenn es uns zum Bewusstsein gekommen wäre, nur so und so hätte beschrieben werden können.“ Mit dieser Äußerung bekennt sich m.E. Freud im Klartext zu der Auffassung, daß der Analytiker dem „Vorurteil“ entspricht, daß Bedeutung haben und „psychisch sein“ zusammengehören, identisch sind und ihre Entstehung einer *Konstruktion* verdanken.

53.

Indem wir deutend konstruieren, setzen wir das „gegenwärtige Verstehen“ des Patienten in (seine) vergangene Situation ein, „organisieren“ es – wie es G. Kimmerle (1986, 86) formuliert und dabei auf S. Freud verweist, der die Beschreibungen der Urszene durch den Wolfsmann mit 24 Jahren als ein Ereignis der gegenwärtigen „bewußten Denktätigkeit" verstand – im Sinne der *Nachträglichkeit*, in deren Lichte es keine „Referenzsemantik der Erinnerung" (G. Kimmerle, l.c. 108) geben kann.[22] Schon im Aufsatz von 1899 über Deckerinnerungen (553, 554) hieß es: „Unsere Kindheitserinnerungen zeigen uns die ersten Lebensjahre, nicht wie sie waren, sondern wie sie späteren *Erweckungszeiten* erschienen sind". Freud sagt sogar, diese „Kindheitserinnerungen (seien) nicht „aufgetaucht, sondern sie sind damals *gebildet* worden" (i.O. hervorg.). Sie hätten ‚letztlich' als „Anhaltspunkt lediglich jenen Keim sexueller Erregung", von dem oben die Rede war. Eine wichtige Frage bleibt es allerdings, welche Rolle den Erwekkungszeiten zukommt. Es sind ja wie die Pubertätszeiten solche, in denen das bisherige Leben nicht mehr selbstverständlich weitergeht. Daß dies der Fall sein kann, hatte Freud im Hinblick auf den pubertalen Triebschub anerkannt. Ihm kommt sicher ein dominierender Einfluß zu, es ist aber ebenso sicher, daß für die Deutung der damit anstehenden Probleme diejenige Auslegung entscheidend ist, die das jeweils „aktuelle Ich" vollzieht; oder sagen wir korrekter, die ihm widerfährt, nehmen wir doch an, unser Interpretieren ist kein willkürliches, von einem Subjekt ge-

[22] Siehe dazu auch S. Freud (1919, Ein Kind wird geschlagen, 204/205), wo Freud die „wichtigste und folgenschwerste Phantasie" ... „Ich werde vom Vater geschlagen" ... eine „Konstruktion" nennt, der eine „Notwendigkeit" zugesprochen werden müsse (!).

steuertes Geschehen. Denn „Triebe" sind es, die „den Intellekt in Bewegung setzen" (F. Nietzsche 1880, KSA, 9, 6 [253]; 6 [234]). Wenn die psychoanalytische Situation eine „Erweckungszeit" ist, was ohne Zweifel schon wegen der sie begleitenden Regression der Fall ist, dann bedingt dies, daß wir für unsere Interpretationen Erklärungen benutzen, die mit Gründen unterlegt sind, die im hic et nunc et mecum (i.e.) im Hinblick auf *diesen präsenten Analytiker* gelten. Ebenso dürfte zutreffen: Es sind Verstehensmodalitäten, die der Analysand im ganzen erzeugt hat. Denn: „Was ... wir ... von unserem Nächsten begreifen ... ist ... nichts ... als die *Veränderungen an uns*, deren Ursache er ist" (F. Nietzsche, 1887, Morgenröte, §118, Hervorhebungen i.O.). Alles läuft darauf hinaus: Wir versuchen im Verstehen des anderen, ihn „ins eigene Weltbild" einzubilden (J. Derrida, zit. nach: J. Simon, 1987, 79-90, 81). Es ist dies „eine sublime Methode seiner Vereinnahmung, ... der er schließlich selbst noch zustimmen sollte" (82). Vielleicht aber können die beiden Partner des analytischen Dialoges sagen, und zwar der eine vom anderen: „Ich verstehe ihn so, als ob er mich verstanden hätte. ... Also stimmen wir im Urteil, daß wir uns verstanden haben, überein" (J. Simon, 1989, 180). Freud faßte den Ablauf der Deutungsschritte 1938 (XVII, 103 f.) zusammen und unterstützte damit die gerade zitierten Auffassungen über das Verstehen des Anderen, des Analysanden: „In der Regel verzögern wir die Mitteilung einer Konstruktion (i.e. Deutung, W.L.), die Aufklärung, bis er sich selbst derselben so weit genähert hat, daß ihm nur ein Schritt ... zu tun übrig bleibt. ... Haben wir aber alles richtig vorbereitet, so erreichen wir oft, dass der Patient unsere Konstruktion unmittelbar bestätigt. ... Je genauer sich die Konstruktion mit den Einzelheiten des Vergessenen deckt, desto leichter wird ihm seine Zustimmung. *Unser Wissen in diesem Stück ist dann auch sein Wissen geworden.*" (Hervorhebung W.L.)

54.

(a) Stimmt der Analysand einem Deutungsvorschlag zu, ist ihm die erklärende (oder beschreibende) Interpretation des Analytikers selbst plausibel, macht sie ihm Sinn, so bleibt doch bestehen, daß erstens die Bedeutung der Worte und Zeichen (Worte werden gleich Zeichen gesetzt) für ihn nicht identisch sein muß mit der, die sie für den Analytiker haben. Er bleibt stets gegenüber der vom Analytiker intendierten Bedeutung freies produktives Subjekt (J. Simon, 1978).
(b) Bleibt zu bedenken: Die Zustimmung (*das Verstehen*) hat ein emotionales Korrelat, es ist, falls dies „Zeichen verstehen" „gelingt", „positiv" ... „Die Emotion ist (hingegen) negativ, ... wenn es gestört ist" (J. Simon, 1989, 91). Das zeigt uns, was wir wiederholt bei der Akzeptanz einer Deutung betonten, das *ästhetische Moment* (in psychoanalytischer Sichtweise: die Triebbesetzung, die den „erotischen Wirklichkeitssinn gewährleistet (§23) ist im positiven wie im negativen Sinne essentiell beteiligt.[23] Mit dieser An-

erkennung des ästhetischen Moments im Prozeß des Verstehens begreifen wir F. Nietzsches Aussage, daß „Verstehen" eine „letzte Resonanz in unseren Trieben" hat, die „wir alle mit den Tieren gemein" haben (1880, KSA, Bd. 9, 6 [234]), und insofern ein „Unverständliches" bleibt (KSA, Bd. 9, 6 [238]).

(c) Da jede Interpretation aus Zeichen besteht, die in ihrer Summe wiederum *ein* Zeichen sind, ist festzuhalten: „Ein Zeichen (Worte) ist (sind) das, was wir verstehen" (J. Simon, l.c. 39). Verbinden wir (b) mit (c), ergibt sich, wir dürfen nicht sagen, „Verstehen sei *ein* Phänomen, sondern es umfaßt eine Gruppe von Phänomenen" (vgl. G. Brand, 1975, l.c. 98). Es ist sowohl „ein blitzartiger Vorgang" wie auch eine „entfaltende Auseinanderlegung". Diese vergleicht L. Wittgenstein mit der Entwicklung einer „Zahlenfolge", die sich ergibt, „nachdem mir eine Formel eingefallen ist" (L. Wittgenstein, 319, 320; vgl. G. Brand, 1975, 92).

55.

Übertragen wir diese Einsicht auf das psychoanalytische Geschehen im Deutungsprozeß, dann wird klar, warum jede *Deutung eine Folge von Deutungen nach sich zieht*, und zwar solange, bis ein „Zeichen"

[23] In einer schönen Studie weist A.D. Weisman (1958) darauf hin, „that any experience is real or unreal depending upon its conceptual index *and* libidinal significance" (Hervorh. W.L.).

gefunden ist, „das wir verstehen, ohne nach seiner Bedeutung zu fragen“. Dies Zeichen „ist dann eine (die) *Bedeutung*“ (J. Simon, l.c. 39, 188, Hervorh. W.L.). Unter diesen Umständen hat sich „alles Symbolische in ästhetischer Deutlichkeit aufgelöst“ (J. Simon, 1981, 179).

56.

Im Lichte dieser Betrachtungsweise ist „die *Referenz eines Zeichens auf die Wirklichkeit*“ ein „*unmittelbares Verstehen*“, so daß weitere Deutungen, „Intensionen, nicht mehr gefragt sind“. „Eine solche *letzte Interpretation* – deren Extension *nicht bezweifelt wird* – erreicht die Wirklichkeit, sie ist wahr“ (l.c. 60). Sie ist wahr im oben definierten Sinn. L. Wittgenstein drückt diesen Bezug wie folgt aus: Interpretationen als „Erklärung“ verstanden, die zum Verstehen führen, können „jede Meinungsverschiedenheit in bezug auf eine Bedeutung besiegen“, so daß „das Verstehen ... ein Korrelat der Erklärung ist“ (L. Wittgenstein, 60).

57.

Wird dieser Zustand im Rahmen der Deutungsprozesse dann und wann erreicht, dann sprechen wir von einer „guten Sitzung bzw. Stunde“. F. Nietzsche bemerkte dazu (1885/86, KSA, Bd. 12, 1, 182): „An guten Tagen verlangt man gar nicht mehr Interpretation". Es ist aber wichtig, nicht zu vergessen, und Analytiker kennen das sehr genau, sie nennen es negative therapeutische Reaktion, nach guten Tagen bzw. Stunden folgen nicht selten schlechte, in denen das Verstehen nicht gelingt, ja sogar nicht gelingen darf, ist es doch u.U. „beleidigend", verstanden zu werden (l.c.), etwa weil der Analysand seine Autonomie behaupten und verteidigen will und muß. Es ist dies auch ein Hinweis darauf, daß der Analytiker ‚gelegentlich', allerdings unabsichtlich, Fehler machen muß; er würde sonst zum allmächtigen und allwissenden Objekt, demgegenüber Wesen, denen ein ‚ektypischer' und kein archetypischer Intellekt eignet, nicht existieren könnten. Die Anerkennung dieser ‚Tatsache' zwingt zuzugeben, daß wir auch von denjenigen Bedeutungen, die wir als handlungsrelevant betrachten, nicht wissen, ob sie *letztlich „Wachstum" oder „Untergang" begünstigen* (F. Nietzsche, KSA 12, 2 [117]).

III.

Neubeginn

58.

Bisher wurde über Deutungen gehandelt, die indoktrinierend-suggestiv wirken können, und von solchen, die eine echte Überzeugung schaffen. Es soll jetzt die Rede sein von Interventionen, deren ‚primäres Ziel' es ist, dem Analysanden einen *Neubeginn* nicht zu verbauen, ihm vielmehr dazu die Freiheit einzuräumen.

59.

Ich zähle zu Interventionen dieser Art: a) solche Deutungen, die das Spiel der Übertragungen und Gegenübertragungen ins Offene bringen. Zwar gilt, was oben gesagt wurde, daß der Analytiker, indem er auf die Übertragung mit einer emotionalen Resonanz reagiert, die von seinen eigenen Konflikten unabhängig ist und weitgehend Antwort auf das vom Analysanden in ihn Projizierte ist (L. Grinberg, 1991, 36, 14-28, 25/26), die er notwendigerweise für sich selbst nach seinen zur Zeit gegebenen Möglichkeiten interpretiert, ja zunächst den Analysanden ins eigene Weltbild einbildet. Er unternimmt aber einen zweiten Schritt. Er versucht nämlich, diese Interpretation als Abwehr zu lesen, d.h. er formuliert, wenn er z.B. eine heftige Wut in sich aufsteigen fühlt, wohingegen der Analysand bedrückt und niedergeschlagen wirkt: Könnte es sein, daß Sie durch meine Absage der letzten Sitzung ärgerlich geworden waren und sich dann allein gelassen fühlten und ganz traurig wurden? Aber könnte es nicht auch sein, daß Sie meinen, Sie brauchen die Stunde, weil ich ‚etwas' habe, was Sie glauben, nicht zu haben? Es ist dieser Zusatz, zumal im Konjunktiv formuliert, der m.E. dem Analysanden eine Potenz zuspricht, sie ihm zuerkennt und so seine Autonomie im Auge hat, weil sie seine Abhängigkeit nicht als eine unbedingt und also andauernde ansieht. Diese Interdependenz, diese *wechselseitige Verknüpfung von Übertragung-Gegenübertragung und Deutung* macht deutlich, was Freuds tiefgründige Einsicht ausdrückte: „*Man muß seine Gegenübertragung jeweils erkennen und überwinden, dann erst ist man selbst frei*" (Brief an L. Binswanger [20. Febr. 1913]. Unfreiheit besteht hinsichtlich des Fühlens und Denkens des Analytikers, solange er durch eine projektive Identifikation mit ‚Selbst'-Anteilen des Analysanden dessen Abwehr mitvollzieht. Gelingt ihm deren Aufhebung, dann vermag er das abgewehrte „Material" und die Form der Abwehr des Patienten zu verstehen und kann den Dialog mit dem Analysanden auf ein neues Niveau heben, das allerdings seinerseits einem bereits bekannten Sprachspiel verhaftet bleibt; es sei denn, ein Punkt sei erreicht, wo gilt, daß keine Regel mehr ein Fortsetzen bestimmt, sondern wo ein Wert eine Regel definiert (L. Wittgenstein, Zettel, §301).

Ich glaube, daß (b) *rein ‚beschreibende' Interventionen*, die darüber hinausgehende Hypothesen, z.B. Benennungen von Motiven im Sinne hypothetischer Konstrukte unterlassen, ebenfalls die Autonomie begünstigen. Ein Beispiel: Ein Analysand berichtet von einem Traum. In seinem ziemlich geräumigen Ferienhaus findet ein rauschendes Fest statt. Die zum Teil fremden Gäste, zum Teil sind es aber auch seine eigenen Geschwister, feiern im größten hellerleuchteten Zimmer und auf der Diele mit lauter Tanzmusik ein rauschendes Fest, während er selbst sich in einem kleinen dunklen Gemach in einer Ecke des Hauses verbirgt. Im nächsten Akt strömt die ganze Gesellschaft in sein ‚Sanktuarium', und er geht hinüber ins Tanzzimmer. Dann kehrt sich diese Bewegung wieder um. Schließlich erwacht er. Der Analytiker bemerkt zu diesem Traum: „Es geht hinein, es geht wieder heraus und umgekehrt. Die Gäste und Sie, Sie und die Tanzenden kommen nicht zusammen." Damit wird lediglich eine reine Verbalisierung des im Traum abgebildeten Geschehens vorgenommen. Aus dem manifesten Ausdruck wird auf unbewußt strukturierende Determinanten geschlossen, die uns „zur Geschichte der Phantasie" führen, wie sie in den Traumbildern und ihrer Anordnung sich zeigt (1985, E. Torras de Bea u. J. Rallo Romero, 7-34, 9). Es mag sein, daß eine Intervention dieser Gestalt den Analysanden nicht berührt. Es kann aber auch dazu kommen, daß er zugleich aufhorcht und in der geschilderten Verhaltens-Modalität eine Analogie zu seiner eigenen Problematik entdeckt, die in diesem Fall um die Entgegensetzung von Angst, Impotenz und Rückzug kreist. Es sind dies Phänomene, die der Abwehr einer traumatischen Situation – ausgeschlossen sein von den tanzenden Paaren, Repräsentanzen der

Primärszene – dienen. Dem Standortwechsel mag dabei eine erregende Qualität zukommen, die einen inneren Krankheitsgewinn mit sich bringt, der den totalen Objektverlust kompensiert, eine Gefahr, die dadurch aufrecht erhalten bleibt, weil es dem Patienten nicht gelingt, die mit der Erregung gekoppelte Fragmentierung der inneren Welt und eine regressiv abgekapselte Integration – im Rückzug in ein abgegrenztes, dunkles Zimmer dargestellt – miteinander zu versöhnen, ein Hinweis darauf, daß ihm ein integriertes relativ autonomes Ich-Selbst-Sein mangelt. Mit anderen Worten, die innere Verbindung mit dem ‚primären' Liebes-Objekt, durch welches der „Existenz-Sinn" (G. C. Solomon, 72), der ‚erotische Wirklichkeitssinn' (s. oben) garantiert werden, ist nicht zustande gekommen bzw. hat einen äußerst fragilen Charakter.

60.

Die Struktur und Dynamik von Interventionen der geschilderten Art läßt sich wie folgt charakterisieren: Der Analytiker formuliert einen Sachverhalt, den der Analysand bildlich darstellte. Er tut das, weil er in einem grundlegenden Sinn- und Handlungszusammenhang mit den Objektbeziehungen des Analysanden steht. Gleichzeitig aber erfolgt eine Bemerkung, die den Analytiker vom Analysanden trennt, so daß der Analysand alleingelassen ist. Im gegebenen Beispiel geschieht das im zweiten Teil der Intervention. Zugleich aber bleiben Analysand und Analytiker beisammen. Der Analytiker geht nicht fort. Er ist weiterhin schlicht *da*. Hierin sehe ich einen Faktor von großer Bedeutung, denn dieses Da-Sein des Analytikers bei gleichzeitiger Betonung der Autonomie des Analysanden verweist auf eine *nicht „diskursive ... Bejahung"* (J. Simon, 1987, 73-90, 83; vgl. W. Loch, 1991 a, 18, 19), die ein Gefühl des einfachen ‚Da-Seins' einschließt. Franz Kafka machte darauf aufmerksam, daß im Deutschen das Wort „Sein" ... , „Dasein und Ihmgehören" (Die acht Oktavhefte 27. Nov. und Betrachtungen, §46) in-eins ausdrückt. Damit ist das Beziehungsereignis, von dem wir annehmen, daß es letztlich eine autonome Entwicklung des Analysanden (im Sinne Winnicotts des „wahren Selbst") auf den Weg bringt, gut beschrieben. „Ihmgehören" dürfen wir nämlich identisch setzen mit ‚das Seinige sein', das dem Analysanden durch den ‚jetzigen' significant other zuerkannt wird, den Freud am 6.12.96 (Brief an W. Fließ) als „jenen prähistorischen Anderen, den kein späterer mehr erreicht", bezeichnete. Auf diese Weise erfährt das Gefühl Ich bin da, ohne an eine bestimmte Prädikation gebunden zu sein, eine (relativ) stabile intrapsychische Verankerung. F. Kafka drückte das aus, indem er (l.c. §45) bemerkte, daß „Ausreißen des Blocks aus dem Fundament" auch ‚bei angespannten Pferden' – eine Anspielung auf die Triebaktivität – unter solchen Umständen „unmöglich ist".

61.

Mit *Neubeginn* (der Begriff wurde von S. Ferenczi am 11.3.32 erstmals erwähnt) wird bekanntlich von M. Balint eine Handlung bezeichnet bzw. ein Zustand, der sich im Rahmen einer tiefen benignen Regression[24], mit der das Ziel des Erkanntwerdens verknüpft wird[25], unter Umständen einstellt und vom Patienten und Analytiker als etwas angenommen wird, was bisher noch nie ‚erlebt' oder erfahren wurde. Ermöglicht werden Ereignisse dieser Art, insofern der Analytiker dem Patienten uneingeschränkt und ohne Worte diejenige (Objekt-) Beziehung gewährt, die der Patient in seinem regressiven Zustand jetzt „braucht" (M. Balint, 1968, 175 f). Der Analytiker kann die Objektbeziehung, die der Patient braucht, nur *erraten*, in Verbindung mit seiner eigenen aktuellen emotional-affektiven Verfassung oder Gestimmtheit, so daß es nach einer glücklichen Formulierung von E. Rayner zu einem Zustand eines „basic mutual attunement" kommt (E. Rayner, 1992). Das hat – metaphorisch verstanden – mit „Berühren oder Befühlen" zu tun (M. Balint, l.c. 195). Freilich, das Deuten darf nicht unterbleiben, denn bestehen bleibt:

[24] Meines Erachtens ist sie als solche, insofern sie eine Dualunion oder ungeschiedene phantasmatische Einheit anstrebt, nicht ohne Triebbeteiligung möglich und kann also als Abwehr gelesen werden. Ohne Abwehr gäbe es ja weder Phantasie noch ein Ich – s. dazu W. Loch, 1989.

[25] Letzteres enthält im Unterschied zur malignen Regression keine genital-orgiastischen Elemente.

„Die wichtigste Form der Antwort auf die Regression des Patienten ist wohl (schlußendlich, W.L.) *die Deutung*" (l.c., 196), eine Feststellung, die im Sinne Freuds liegt, der verhindert wissen wollte, „daß die Therapie die Wissenschaft erschlägt" (1926 a, 291). Die Wissenschaft, die Erkenntnis der Wahrheit sollte Vorrang haben. Insofern wir einen ‚primitiven' Begriff von ‚wahr' zugrunde legen, können wir an diesem Programm festhalten. Die Einführung des Faktors Zeit, des Werdens, zwingt uns aber einzuräumen, daß die Objektivität einer Deutung den Charakter von vermutetem, konstruiertem Wissen hat, also ‚nur' derzeit akzeptierte ‚Theorie' ist (s. dazu z.B. J. G. Blight, 1981, 147-205, 187 ff).

62.

M. Balint brachte den Neubeginn in Zusammenhang mit der Überwindung bzw. Vernarbung der sogenannten *Grundstörung* (l.c. 28 ff.), von der er meinte, sie sei *nicht konfliktbedingt* (l.c. 106), vielmehr ein Defizitsyndrom. Leere und Sinnlosigkeit, über die solche Patienten klagen, haben aus dieser Sicht keinen Abwehrcharakter, eine Auffassung, der die Autoren nicht beipflichten können, die jedes ‚psychische' Gebilde als Abwehr bedingt betrachten, vielmehr liege ein *Mangel an „primärer Liebe"* vor, die einen Defekt in der psychischen Struktur bedingte (l.c. 32). Die die Grundstörung bewirkenden Bedingungen, meinte M. Balint, seien einfacher ihrer Natur nach als diejenigen, die den Ödipuskomplex charakterisieren, und würden sich „möglicherweise über die gesamte psychobiologische Struktur des betreffenden Menschen“ erstrecken (l.c. 32). Im Nicht-„Zueinander-Passen vom Kind und jenen Personen, aus denen seine Umwelt sich zusammensetzt,“ (l.c. 33) wird letztlich der entscheidende pathogene Faktor gesehen.

63.

Man kann die Begriffe „Grundstörung“ und „primäre Liebe“ beibehalten und unter jene Phänomene fassen, die z.B. eine hochnarzißtische Mutter in ihrem Baby – bzw. ein aufdringlicher ‚Analytiker‘ in seinem Analysanden[26] – zur Entstehung bringt (s. dazu G. Aronson, 1977, 11-16), und also Abwehrcharakter besitzen und unter dieser diejenigen Verhaltensweisen einer primären Beziehungsperson (bzw. des Analytikers) subsumieren, die es dem Baby (bzw. dem regredierten Patienten) erlauben, auf Abwehrvorgänge weitmöglichst zu verzichten, d.h. einen Zustand der „*basic unity*“ mit seinem Objekt zu erreichen (M. Little, 1957, 134-138,) – den man allerdings als illusionäre Abwehr der ihrerseits ständig tätigen Derivate des Todestriebes, seinerseits die bewußte psychosoziale Manifestation der Zeit, lesen kann – um auf

[26] Ein sehr schönes Beispiel für eine unaufdringliche Haltung des Analytikers erwähnt H. Stewart (1990, 65).

dieser Basis die Chance zu einem Neuaufbau psychischer Grundstrukturen zu gewinnen, so daß sich im Sinne Winnicotts (1962, in 1965, 58, 59) das ‚wahre Selbst‘ entfalten kann.[27] Dies wäre ein Neubeginn am Ursprung. Wir sollten aber nie glauben, daß das Interpretieren, daß hermeneutische Anstrengungen jemals zu einem Ende gelangen, weder im Hinblick auf die Natur und noch weniger im Hinblick auf den Menschen. Es hieße, wir würden vermögen, den Ursprung und das Ende der Dinge und der Menschen zu sagen, was uns, weil wir keinen intellectus archetypicus haben, versagt ist.

[27] Auf Bions Theorie über die Möglichkeit zu einer „letzten Realität“ bzw. „absoluten Wahrheit“ (1970, 43, 57, 70, 90) zu gelangen, sei hier nicht eingegangen. Sie ist m.E. nur zu halten, wenn man die Voraussetzung der ‚Existenz‘ eines „Dinges-an-sich-selbst“ (ein Begriff, den Bion eigens erwähnt) zugrunde legt.

IV.

Zusammenfassung

64.

Ausgehend von Freuds beiden Feststellungen: 1. der Behauptung, jeder psychischen Schöpfung komme Bedeutung zu, und dies sei „eine Erwartung", ein „Vorurteil", und 2., die Psychoanalyse sei keine tendenzlose wissenschaftliche Untersuchung, sondern ein therapeutischer Engriff, sie wolle nichts beweisen, sondern etwas ändern (VII, 1909, 339), wird aufgewiesen, daß Freud die Deutungskunst, dieses fundamentale Instrument der psychoanalytischen Technik (a) als ein „Erraten", (b) als ein Erschließen, ein Schlußfolgern (X, 265, XIII, 172) und (c) als „Konstruktion" verstand. (1937, 45)

65.

Das letztere läßt sich zum einen auf das Moment der Nachträglichkeit beziehen, dem Freud so große Bedeutung zuerkannte, zum anderen aus seiner Einsicht ableiten, gemäß welcher es für den Erfolg der psychoanalytischen Kur nicht entscheidend ist, ob die Deutungen eine vergangene Realität treffen oder vom Analytiker vorgenommene Sinn- und Bedeutungskonstrukte sind. Für das Ziel, beim Analysanden Überzeugungen zu bewirken, die ihm zu einem besseren Leben verhelfen, ist es offenbar gleichgültig, welcher der beiden genannten Tatbestände erfüllt wird. Was zählt, ist die *korrekte Ausführung der Analyse* (S. Freud, 1937, 53, Hervorh. W.L.), *d.h. Analy-*

se von Widerstand und Übertragung und von der Übertragung als Widerstand. Dadurch wird es für das Ich des Analysanden möglich, die bisher wirksamen Motive der Abwehr und das abgewehrte Material (z.B. bestimmte Phantasien) zu erkennen und, da die Deutung der Übertragung Gefühlserlebnisse einschließt, und deshalb „knowledge by acquaintance" (B. Russel), leibhaftig zu erfahren. Außerdem bringt die Einsicht[28] in tiefe Phantasien, die ihren Ursprung in prähistorischen Realitäten haben oder ihre Struktur und Dynamik der Arbeitsweise des Primärvorganges verdanken, die Chance mit sich, zu erkennen, daß diejenigen Bedingungen, welche in der frühen Kindheit die Abwehr und damit die Symptomatik zur Entstehung brachten, in der Gegenwart nicht mehr gegeben sind.

66.

Daß Deutungen im Sinne von Konstruktionen zu verstehen sind, ergibt sich aus der grundlegenden Auffassung Freuds, daß psychische Phänomene insgesamt als Abwehrformationen gelesen werden müssen. Freud hat sich zu dieser These schon in den Briefen an R. Fließ und im Entwurf einer Psychologie (1895) klar bekannt. Ab 1920 (Jenseits des Lustprinzips) sah Freud das Leben als ganzes als einen Um-

[28] S. zu diesem Thema F.W. Eickhoff, 1992, Kurative Faktoren in der Psychoanalyse, Jahrbuch der Psychoanalyse.

weg zum Tode (40), der durch Hemmung, durch Abwehr der natürlichen Tendenz der konstitutionell vorgegebenen Energie, sich zu entspannen zustande kommt, einem Geschehen, dem die unbelebte und die rein triebhafte Natur unterliegt, nicht aber das „*intelligente Streben*“ (l.c. 41, Hervorh. W.L.), welches also dem Todestrieb entgegentritt, ihm Einhalt gebieten will. Es gehört in diesen Zusammenhang, daran zu erinnern, daß für Freud auch die Entstehung des Ich an eine Hemmung von Energieentladung gebunden ist, ja mit ihr gleichgesetzt wird (1895) (siehe dazu J. Friedmann u. J. Alexander, 1983; W. Loch, 1989). Freud verknüpfte sie mit der Funktion des ‚primären Objektes‘, also in der Regel der Mutter, deren behütender und zugleich die Sexualbetätigung „anregender“ Umgang mit ihrem Baby verhindert, daß sich eine „traumatische Situation“ ergibt, die einer Konfrontation mit dem Nichts gleichkommt (S. Freud, 1931, 527; 1926 a). Panische, bodenlose Angst („das Ich schützt sich durch Angstentwicklung“, S. Freud, 1918, 147) und insbesondere das Erleben des Schmerzes konfigurieren so gesehen als Abwehrvorgänge, sind Mittel und Wege, letztlich dem Nichts zu entfliehen.[29] Und da sich über und ge-

[29] Die Bedeutungen des „Nichts“ – ‚nothing‘ – hängen ‚natürlich‘ von der jeweils dominierenden Organisationsstufe ab (S. Abrams, 1974, The meaning of ‚nothing‘ ‚Psychoanal. 43, 115f.). L. Shengold (1989): Further thoughts about ‚nothing‘, Psychoanal. Q. 58, 227-352) sieht in dem Versuch, „alles“ und „nichts“ zu versöhnen, die Möglichkeit eines ‚reifen‘ Umgangs mit dieser Problematik.

gen diese extreme Bedrohung weitere Abwehrformationen aufbauen, sind in der Tat „objektbezogene Lustempfindungen in ihrem Kern ... Abwehr von Unlustempfindungen“ (G. Kimmerle, 1988, 45). Die seelischen Phänomene, die die Analyse angehen, sind demgemäß Abwehr-Konstrukte. Insbesondere gilt das von den „Schutzbauten“, den „Phantasien“, wovon die Fließ-Briefe wiederholt handeln. All diese Gebilde werden ihrerseits zu einer Quelle neuer Angst werden, zumal sie von ihrer Dynamik her dem „Primärvorgang“, dessen extremste Form die totale Entladung der Triebenergie ist, näher stehen und weil jede ‚höhere‘ Organisation die ihr vorausliegende als Bedrohung erfährt und infolgedessen abwehren muß. Die Einschätzungen „höher“, progressiver versus „primitiver“, regressiver erfolgen dabei stets in Relation zum „herrschenden“ System.

67.

Bezüglich der von Freud getroffenen Unterscheidung zwischen Deutungen, die einzelne „Elemente“ (1937, 47) betreffen, und/oder das Bewußtwerden einer bestimmten vergessenen Vorgeschichte (1937, 47) bzw. auch im Sinne von M. M. Gill und Z. Hoffmann (1982), das Bewußtwerden von bestimmten Zügen, Fehlern oder Eigenheiten des Analytikers, die die gegenwärtige Übertragung des Analysanden kodeterminieren und denen, die im klassischen Sinne Re-Konstruktionen früher oder frühester realer Vorkommnisse sind, wird die Ansicht vertreten, daß die ersteren offenbar einer „normalen Abwehr“ (Freud an Fließ am 6.12.96) unterliegen, d.h. die hier wirksamen psychischen Prozesse spielen sich in derselben psychischen Funktionsschicht bei Analysand und Analytiker ab, in einer Schicht nämlich, in der beide über die Sprache und ihre Grammatik verfügen, so daß eine Bewußtwerdung im Rahmen eines gemeinsamen Sprachspiels erfolgen kann. Von diesen Deutungen kann man sagen, „... der Träumer (bzw. der Patient) ... weiß, was sein Traum (seine Fehlhandlung usw., W.L.) bedeutet, nur weiß er es nicht, daß er es weiß“ (S. Freud, 1916/17, 98).

Daß er es wieder weiß, ist dann Ergebnis einer Dekonstruktion[30] der *Abwehr*, i.e. Übersetzung mittels Auflösung, z.B. durch Anwendung der bekannten Abwehrmechanismen Verschiebung und Verdichtung. Deutungen, die hingegen auf das Bewußtwerden von Erinnerungsspuren zielen, die noch nie übersetzt, noch nie mittels Sprache bewußt geworden waren, was immer dann der Fall sein muß, wenn eine Objektlosigkeit bedingende traumatische Situation als Fixierungspunkt fungiert, sind „Sinnstiftungen“, sind Sinnkonstrukte (vgl. u.a. S. Viderman, 1970; A. Green, 1975; M. Eigen, 1985; A. u.J. Sandler, 1987).

---

30 Zum Begriff ‚Dekonstruktionen‘ s. J. Culler, 1988, 173 f., wo betont wird, daß sie Bedingungen, Voraussetzungen und den Rahmen der Diskurse bloßlegen, also Aufgaben erfüllen, die denen der psychoanalytischen Deutungen entsprechen.

68.

Einsicht, Akzeptanz der Deutungen sind – und auch dies ist echtes Freudsches Gedankengut – gebunden an das Vorherrschen einer milden, erotischen Übertragung (S. Freud, 1912, 371).[31] Sie ist Voraussetzung dafür, daß der Analytiker dem Patienten „Gedanken eingeben kann“, die er „noch nicht“ bislang besaß. Hierin ist ein notwendiger Vorgang zu sehen, denn „ohne solche Hilfe kommt niemand aus“ (S. Freud, 1909, 339). S. Ferenczi hatte dazu notiert: „Man darf nur die Wahrheit suggerieren (Kindern und Kranken)“ (10.11.31) und unterschied zwischen einer „Suggestion, die nur Gehorsam fordert und zur Schwäche führt“ und einer Suggestion, die „Persönlichkeitskraft erweckt“ (19.9.1932). Stimmt, was Freud und Ferenczi hier anmerkten, nicht mit Platons Definition der Rhetorik überein, von der er sagte, sie wolle durch„Überreden bewirken, daß etwas auf eine gewisse Weise vorgestellt wird“ (Theätet, 201b)?[32] Und ist die Folge nicht, daß F. Nietzsche eine Wahrheit konstatierte: „Wir bilden ihn (unseren Gesprächspartner, W.L.) nach unseren Kenntnissen von

[31] Daß auch diese als Widerstand benutzt werden kann (s. St. J. Ellmann, 1992), wurde nicht expressis verbis hier behandelt. Erinnert sei, daß Freud Hypnose, Suggestion und Übertragung im dynamischen Sinne miteinander verknüpfte (1916/17, 464; s. dazu H. Schott, 1989).

[32] Über die engen Beziehungen zwischen Psychoanalyse und Rhetorik publizierte P.v.d. Zwaal (1987) eine aufschlußreiche Arbeit.

uns, zu einem Satelliten unseres eigenen Systems" (KSA, Morgenröte, Bd. 3, 118)?[33] Hinzuzufügen ist: „Ebenso steht der ‚Mensch an sich' zu allen heterogenen Dingen: sie drücken ihre Form an ihm ab, soweit er sie annehmen kann, und er weiß nichts von ihnen, als durch die Veränderung *seiner* Form." (F. Nietzsche, 1880, KSA, Bd. 9, 6 [419]). Eine Reihe von Analytikern haben gerade das Freud unterstellt (z.B. J. Cremerius, 1984, H. Stroeken, 1992, 94 ff.). Viele Analytiker, M. Balint, D.W. Winnicott und W.R. Bion wurden genannt, haben demgegenüber den Verhältnissen große Bedeutung beigemessen, die einen „unaufdringlichen Therapeuten" auszeichnen, der nicht „sucht, die Gedankengänge des Patienten zu dirigieren", der nicht dessen Aufmerksamkeit nach gewissen Richtungen ... drängt", was S. Freud seinerzeit (1916/17, 6) empfahl, so daß die apostrophierte Beeinflussung insbesondere im Sinne einer Ausnutzung homosexueller Bestrebungen (J. Cremerius l.c.) entfällt. Wir werden sehen (§69), daß dies nur bis zu einem gewissen Grade der Fall sein kann.

---

[33] In seiner „systemtheoretischen Fassung des Verstehensbegriffes" vertritt N. Luhmann die Auffassung, daß „das andere Subjekt, das andere soziale System prinzipiell unerreichbar bleibt (Zit. nach H.U. Gumbrecht, 1992, FAZ, N. 3).

69.

In zwei Briefen an Fließ (7.8.01 und 19.9.01) hatte sich Freud über dessen Behauptung beklagt, daß die Patienten seine Gedanken lesen würden. Freud sah in einer solchen Annahme eine totale Entwertung seiner Arbeit. Ich glaube, er hatte dazu eigentlich keinen Anlaß. *Erstens* hatte er selbst gefunden, daß das Unbewußte eines anderen reagieren kann (1913, 293). Dies ist stets ein wechselseitiger Vorgang, so daß auch in jede Deutung die Beteiligung des Analysanden eingeht. *Zweitens* hatte Freud den Analytikern versichert, sie brauchten nicht zu „erschrecken", wenn sie feststellen, sie bewirken „die Beeinflussung der Träume des Patienten", denn darin „liege nicht mehr Mißgeschick oder Schande als (in der) Lenkung seiner bewußten Gedanken", zumal man „auf den Mechanismus der Traumbildung" nie Einfluß „gewinnt" (S. Freud, 1923a, 306). Er ist im „Primärvorgang" zu sehen, der seinerseits der asymmetrischen Logik des Sekundärvorganges, wie er für eine Dreipersonenbeziehung typisch ist, gehorcht (I. Matte-Blanco, 1956, 1988; W. Loch, 1991 b). *Drittens* hatte Freud die These aufgestellt (1919, 246), daß es ein Überspringen von Wissen, Fühlen und Erleben von einer Person auf eine andere gibt.[34] Ja, er hatte (1925 a, 572) die These vertreten, es gäbe „die Übertragung von stark affektiv betonten Erinnerungen" und hinzugesetzt, daß „solche Übertragungen besonders gut in dem Moment zustande kommen, sobald eine Vorstellung aus dem Primärvorgang in den Sekundärvorgang übergeht". Meines Erachtens hat Freud damit den Augenblick des Findens der Sprache markiert, d.h. ein konstruktives Ereignis. Es sind dies Phänomene, die uns heute nicht als total fremd imponieren, insofern wir davon ausgehen, daß unser wechselseitiges Verstehen auf einem gemeinsamen, nicht hintergehbaren Hintergrund einer jeweils konkret erlebten Lebenswelt zustande kommt (s. dazu K.O. Apel, 1991, 47 f.), also aus einem holistischen Kontext erfolgt, damit einen „nicht expliziten Horizont" hat, wobei die besondere Bedeutung des in ihm unausgesprochenen erhaltenen „erotischen Wirklichkeitssinn"(S. Ferenczi, l.c.), d.h. eines ästhetischen Momentes, nicht außer Acht gelassen werden darf.

---

[34] Kombiniert man diese drei Phänomene, dann läßt sich K.R. Eisslers Notiz einsehen, nämlich daß Freud die Deutungen, die Sinnzusammenhänge, die er von seinen Analysanden aufzeichnete, „perceived" und nicht „deduced" und daß er gleichsam „Zeuge" ihres „Geschehens" war (1965, Medical orthodoxy and the future of psychoanalysis, New York, 396). Erinnert sei an Goethes Bemerkung zu Eckermann (7.10.1827): „Soviel ist gewiß, daß in besonderen Zuständen die Fühlfäden unserer Seele über ihre körperlichen Grenzen hinausreichen können und ihr ein Vorgefühl, ja auch ein wirklicher Blick in die Zukunft gestattet ist ... Wir tappen alle in Geheimnissen und Wundern."

70.

Der Hintergrund in der psychoanalytischen Kur ist a) ihr Setting und b) das, was durch die „invarianten Einstellungen" des Analytikers (W. Loch, 1991, Variable und invariante Objektbeziehungen[35] im psychoanalytischen Prozeß, Jahrb. Psychoanal. 28, 9-49) dessen unausgesprochene Deutungsperspektiven (Vertices) bestimmt und in den Deutungen sich zeigt. Indem beides – und in beiden Bereichen (im ersten stärker als im zweiten) überwiegt der nicht eliminierbare Einfluß des Analytikers – über lange Zeiträume (sie umfassen z.B. bei einer Frequenz von vier bis fünf Wochenstunden im Verlauf von vier bis sieben Jahren insgesamt ca. 26 – 45 bzw. 33 – 58 Tage) sich wechselseitig erläutert und bestätigt, wird letztendlich aufgrund eines „tiefen Bedürfnisses nach Übereinkunft" (L. Wittgenstein, Bemerkungen über die Grundlagen der Mathematik, Schriften 6, 65, 1974), was ja schon für die Situation Mutter-Säugling maßgebend war, ein beiden Dialogpartnern gemeinsamer Hintergrund erzeugt. So erfahren sie beide *eine gemeinsame Realität, deren Paradigma der korrekt durchgeführte psychoanalytische Dialog ist.* Der sich auf diese Weise konstituierende psychoanalytische Prozeß[36] ist somit ein Dialog, der seine Dynamik der

[35] Verstanden als invariante Einstellungen sind sie die Bedingungen, unter denen die Sinnstiftungen des Analytikers wahr oder falsch sind (s. dazu L. Wittgenstein, Schriften 3, 244, Ffm).

[36] Vgl. S. Freud, 1913, 463; E.M. Weinshel, 1984.

Analyse von Übertragung und Gegenübertragung und der Aufhebung der Übertragung verdankt, die einer De-Identifikation vom pathogenen Objekt gleichkommt[37] (J. Badaracco, 1992, 217). Dies kann auch in folgender Weise ausgedrückt werden: Wenn es ‚gut' geht – und diese Einschränkung gilt allgemein für die psychoanalytische Deutungskunst, gibt es doch interpersonale Situationen, die „jenseits unserer Verstehensmöglichkeiten (‚comprehension' i.O.) und Erfahrungen" liegen (W.R. Bion, 1989, 51/52) und somit ein ‚Gut-Gehen' im angesprochenen Sinn verhindern – werden viele der gegebenen *Deutungen* in Verbindung mit den sie bestätigenden averbalen Erfahrungen, wie sie die Sitzungen mit sich bringen, zu *Bedeutungen*, zu Worten bzw. „Zeichen", die „wir verstehen, ohne nach (ihrer) Bedeutung zu fragen" (J. Simon, 1989,39). Es ereignet sich so ein „unmittelbares" ... „Verstehen" und damit *ist das verstandene Zeichen (Wort), die Be-Deutung, die „auf die Wirklichkeit" bezogen ist* (l.c. 60). Diese „*Bedeutung* darf – jetzt – nicht gedeutet werden können" (L. Wittgenstein, 1970, 61, i.O. hervorg.) Wäre das der Fall, dann gäbe sie keinen Halt und wäre kein Grund, auf dem man stehen kann. Genau deshalb kann man auch sagen, ... „dass die Zeichen sich ... am Schluß doch auf die unmittelbare Erfahrung beziehen

---

[37] Einen Beweis für diese These sehen wir in Freuds Erfahrung, gemäß welcher eine sich während der Behandlung ergebende „Vaterübertragung" nicht den Schluß zuläßt, „daß der Kranke an einer unbewussten Bindung an den Vater gelitten hat" (1916/17, XI, 474).

und nicht auf ein Mittelglied (ein Ding an sich)“ (L. Wittgenstein, 1930, 282), womit ebenfalls zum Ausdruck gebracht wird, daß wenn dieser Punkt erreicht ist, es für die Beteiligten jetzt und hier dann unnötig geworden ist, nach weiteren Deutungen zu fragen und zu suchen. Mit Th. v. Uexküll (1991, 486/487) darf man sagen: Das „wahrnehmbare Zeichen“ (Wort) und das „verstehbare Zeichen“ (Wort) koinzidieren, oder auch: Der Unterschied zwischen „Schema und Inhalt“ ist jetzt hinfällig (D. Davidson, 1984, 198), womit auch die Grundlage für ein von einer „kodierenden Instanz“, einem „Soll-Wert“ (v. Uexküll, l.c.), einem als ‚fremd‘ erlebten Überich unabhängiges Handeln gegeben ist. Dies impliziert keine Amoralität, denn die Moral ist in der akzeptierten Lebensform enthalten. Im Rahmen dieser so erfahrenen gelebten Realität, die mit einem „Verändern des Denkstils“ (L. Wittgenstein, 1938, 56) korreliert, herrscht also auch keine Beliebigkeit, herrscht keine Willkür. Es ist allerdings auch nie auszuschließen, daß die akzeptierte Bedeutung eine Wirklichkeit herstellt, eine Einsicht konstruiert, die nicht ein Handeln ‚ad melius esse‘ (siehe oben) im Hinblick der Mehrung des gegenwärtigen Lebens begünstigt, denn – es wurde herausgestellt (§29) –, daß es uns nicht gegeben ist, über einen „pragmatischen Glauben“ hinaus zu gelangen, wir gewinnen niemals absolute Sicherheit. Ferner bleibt es Zeichen des Lebens, daß es keinen Stillstand in der Entwicklung der Lebensformen und also im Verstehen geben kann. Freud fand dafür die Kennzeichnung „unendliche Analyse“.

71.

In bezug auf das Handeln des Patienten bleibt allerdings stets ein Faktor offen. Weder erzielte Einsichten noch unbefragte Übereinstimmung im Hinblick auf Lebensformen und damit auch in bezug auf die Grammatik der Sprache garantieren, daß zum einen die zum Handeln erforderlichen „Naturgründe" gegeben sind (S. Freud [1910, 209] nahm z.B. für „Verdrängungsleistung" und „Sublimierungsfähigkeit" auch „organische Grundlagen" an), und zum anderen muß in Betracht gezogen werden, es gibt zwar eine „kausale" Beziehung zwischen der „Vernunft" der „Ideen" und dem Handeln (I. Kant, KVB 576, 577), ihr kommt aber kein zwingender Charakter zu, weil es offenbar eines psychischen Differenzierungsgrades bedarf, die Kategorie des ‚weil' zu fassen, den zu erreichen impliziert, Worte als Zeichen und nicht „konkretistisch" als „Dinge an sich selbst" zu verstehen.[38]

Freud hatte offenbar u.a. solche Sachverhalte im Sinn, als er schrieb, es sei eine Illusion zu glauben,

---

[38] B. Joseph erörterte eine Dimension dieses Sachverhaltes in ihrer aufschlußreichen Arbeit „A Factor militating against psychic change: non-resonance" (Vortrag in Tübingen im Mai 1992). S. auch A.M. Cooper, 1992, 249; J. E. Badaracco, 1992, 1986. B. sieht in der Fixierung an ein „maddening object", das das Kind in einer sado-masochistischen Beziehung versklavt, die Ursache für negative therapeutische Resultate. Ein solches Objekt entspricht demjenigen, das z.B. Winnicott für die Entstehung eines falschen Selbst verantwortlich macht.

daß ein „Primat der Intelligenz über das Triebleben“ bestünde (1927, 374, 381). Damit erreichen wir eine unüberbrückbare Grenze der Wirksamkeit der psychoanalytischen Therapie. Der „Streit der Giganten“ ... „Lebenstrieb und Destruktionstrieb“ (S. Freud, 1930, 418), der Streit „zwischen den beiden Großmächten“ ... „Wahrheit und Liebe“ (Brief an S. Ferenczi, 10.1.1910) geht weiter. Wir sind gut beraten, wenn wir im nicht endenden Deuten seines Wirkens, d.h. im Werden das ständig sich entziehende „Sein“ (F. Nietzsche, KSA, Bd. 12, 7 [54]) ergreifen. Indem wir das vermögen, wollen wir nicht vergessen, daß wir das Sein nur denken können, wenn wir vom Nicht-Sein wissen, also in unserem Zusammenhang vom Nicht-Werden. Damit sind wir in einem intellektuellen Zirkel gefangen. Entspricht ihm auf der Seite der Biologie das miteinander verkettete Paar Lebenstrieb-Todestrieb? Auf jeden Fall münden beide Darstellungsweisen in einer „unendlichen Analyse“ (S. Freud, 1937 b), die nur durch den totalen Sieg der einen über die andere ihr individuelles Ende findet, in der Welt im Ganzen gesehen vorerst wohl sich fortsetzen dürfte. Das hat sein Gutes für die Deutungskunst, ihre Adepten werden nicht arbeitslos werden, denn eine letzte Be-Deutung werden sie, werden wir Menschen nicht sagen, solange es uns gibt.

Literatur

Abraham, N. (1991): Aufzeichnung über das Phantom, Psyche, *45*, 691-698.

Abrams, S. (1974): The meaning of nothing, Psychoanal. Quart., *43*, 115 f.

Apel, K. (1991): Wittgenstein und Heidegger: Kritische Wiederholung und Ergänzung eines Vergleichs in: B. Mc-Guiness et al. (Hg.): Der Löwe spricht ... und wir können ihn nicht verstehn, Ffm., 27-68.

Aronson, G. (1977): Defense and deficit models, Int. J. Psychoanal., *58*, 11-16.

Badaracco, J.E.G. (1986): Identification and its vicissitudes in the Psychosis. The importance of the concept to the „maddening Object", Int. J. Psychoanal., *67*, 133-146.

Badaracco, J.E.G. (1992): Psychic change and its clinical evaluation, Int. J. Psychoanal., *73*, 209-220.

Balint, M. (1968): Therapeutische Aspekte der Regression, Stuttgart, 1970.

Bion, W.R. (1963): Elements of Psycho-Analysis, London.

Bion, W.R. (1965): Transformations, London.

Bion, W.R. (1970): Attention and interpretation, London.

Bion, W.R. (1989): The grid and the caesura, London.

Blight, J.G. (1981): Must psychoanalysis retreat to hermeneutics. Psychoanalysis and contemporary thought, *4*, 174-205.

Brand, G. (1975): Die grundlegenden Texte von Ludwig Wittgenstein, Ffm.

Cohen, J. (1980): Structural consequences of psychic trauma, Int. J. Psychoanal., *61*, 421-432.

Cooper, A.M. (1992): Psychic change: Development in the theory of psychoanalytic techniques. I.J. Psychoanal., *73*, 245-250.

Cournut, J. (1988): Ein Rest, der verbindet. Jahrbuch der Psychoanalyse *22*, 67-98.

Cremerius, J. (1984): Die psychoanalytische Abstinenzregel. Psyche, *38*, 769-800.

Culler, J. (1988): Dekonstruktionen, Reinbek.

Davidson, D. (1980): Handlung als Ereignis. Ffm.

Davidson, D. (1984): Truth and interpretation. Oxford.

Eco, U. (1990): Die Grenzen der Interpretation, München.

Eickhoff, F.W. (1992): Kurative Faktoren in der Psychoanalyse. Jahrbuch der Psychoanalyse, *29*, 215-236, Stuttgart-Bad Cannstatt.

Eigen, M. (1985): Towards Bion's starting point: between catastrophe and death. Int. J. Psychoanal., *66*, 321-330.

Eissler, K. R. (1953): The effect of the structure of the ego on psychoanalytic technique, J. Am. Psychoanal., Ass. I, 104-143.

Eissler, K.R. (1965): Medical orthodoxy and the future of psychoanalysis, New York.

Ellmann, St. J. (1992): Freud's technique papers, Int. J. Psychoanal., *73*, 589-591.

Ezriel, H. (1960/61): Übertragung und psychoanalytische Deutung, Psyche, *14*, 496-523.

Fairbairn, W.R.D. (1952): Studies of the personality. London.

Ferenczi, S. (1913): Entwicklungsstufen des Wirklichkeitssinns, in: Bausteine der Psychoanalyse, Bd. 1, Bern-Stuttgart.

Ferenczi, S. (1924): Versuch einer Genitaltheorie. Leipzig, Wien, Zürich.

Ferenczi, S. (1939): Fragmente und Notizen, in: Bausteine zur Psychoanalyse, Bd. IV, Bern-Stuttgart.

Frank, M. (1977): Das individuelle Allgemeine. Ffm.

Freud, S. (1891): Zur Auffassung der Aphasien, Wien.

Freud, S. (1895): Entwurf einer Psychologie. In: Aus den Anfängen der Psychoanalyse, London 1950.

Freud, S. (1896 a): Weitere Bemerkungen über die Abwehr-Neuro-Psychosen. I.

Freud, S. u. Breuer, J. (1895 b): Studien über Hysterie.

Freud, S. (1899): Über Deckerinnerungen, I.

Freud, S. (1900): Die Traumdeutung, II/III.

Freud, S. (1904): Die Freudsche psychoanalytische Methode, V.

Freud, S. (1905): Bruchstücke einer Hysterie-Analyse, V.

Freud, S. (1905 a): Drei Abhandlungen zur Sexualtheorie, V.

Freud, S. (1907): Zwangshandlungen und Religionsausübung, VII.

Freud, S. (1908): Der Dichter und das Phantasieren, VII.

Freud, S. (1909): Analyse der Phobie eines fünfjährigen Knaben, VII.

Freud, S. (1910): Eine Kindheitserinnerung des Leonardo da Vinci, VIII.

Freud, S. (1910 a): Über Psychoanalyse, VIII.

Freud, S. (1911): Psychoanalytische Bemerkungen über einen autobiographisch beschriebenen Fall von Paranoia, VIII.

Freud, S. (1912): Zur Dynamik der Übertragung, VIII.

Freud, S. (1912 a): Einige Bemerkungen über den Begriff des Unbewußten,VIII.

Freud, S. (1913): Das Unbewußte, X.

Freud, S. (1913 a): Zur Einleitung der Behandlung, VIII.

Freud, S. (1914): Erinnern, Wiederholen und Durcharbeiten, X.

Freud, S. (1915 a): Übersicht über die Übertragungsneurosen. Hg.: I. Grubrich-Simitis, 1985, Ffm.

Freud, S. (1916/17): Vorlesungen zur Einführung in die Psychoanalyse, XI.

Freud, S. (1918): Aus der Geschichte einer infantilen Neurose, XII.

Freud, S. (1919): Das Unheimliche, XII.

Freud, S. (1919 a): Ein Kind wird geschlagen, XII.

Freud, S. (1920): Jenseits des Lustprinzips, XIII.

Freud, S. (1921): Massenpsychologie und Ich-Analyse, XIII.

Freud, S. (1923): Psychoanalyse und Libidotheorie, XIII.

Freud, S. (1923 a): Bemerkungen zur Theorie und Praxis der Traumdeutung, XIII.

Freud, S. (1923 b): Die infantile Genitalorganisation, XIII.

Freud, S. (1924): Der Untergang des Ödipuskomplexes, XIII.

Freud, S. (1925): Selbstdarstellung, XIV.

Freud, S. (1925 a): Einige Nachträge zum Ganzen der Traumdeutung, I.

Freud, S. (1926): Die Frage der Laienanalyse, XIV.

Freud, S. (1926 a): Hemmung, Symptom und Angst, XIV.

Freud, S. (1927): Die Zukunft einer Illusion, XIV.

Freud, S. (1930): Das Unbehagen in der Kultur, XIV.

Freud, S. (1931): Über weibliche Sexualität, XIV.

Freud, S. (1933): Neue Folge der Vorlesungen. Zur Einführung in die Psychoanalyse, XV.

Freud, S. (1937): Der Mann Moses und die monotheistische Religion, XVI.

Freud, S. (1937 a): Konstruktionen in der Analyse, XVI.

Freud, S. (1937 b): Die endliche und die unendliche Analyse, XVI.

Freud, S. (1938): Abriß der Psychoanalyse, XVII.

Freud, S. (1938 a): Die Ichspaltung im Abwehrvorgang, XVII.

Freud, S. (1950 [1895]): Aus den Anfängen der Psychoanalyse, London.

Freud, S. (1986): Briefe an W. Fließ, Hg.: J.M. Masson, Ffm.

Freud, S./Jung, C.G. (1974): Briefwechsel. Mc Guire, W./ W. Sauerländer (Hg.), Ffm.

Friedmann, J. und J. Alexander (1983): Psychoanalysis and natural science.Int. Rev. Psychoanal., *10*, 303-318.

Gekle, H. (1989): Nachträglichkeit des Ursprungs. Luzifer-Amor, *4*, 89-125.

Gill, M.M. (1979): The analysis of transference. J. Am. Psychoanal. Suppl., 263, 288.

Gill, M.M. und Hoffmann (1982): A method for Analysis of transference. J. Am. Psychoanal. Ass., *30*, 137-168.

Green, A. (1975): The Analyst, Symbolisation and Absence in the psychoanalytic setting. I.J. Psychoanal., *56*, 1-22.

Grinberg, L. (1991): Gegenübertragung und projektive Gegenidentifizierung. Bulle, EPF, *36*, 14-28.

Gumbrecht, H.U. (1992): Das nicht-Hermeneutische. FAZ, N. 42, SN3.

Hacker, F.J. (1964):The reality of myth., Int. J. Psychoanal., *45*, 438-443.

Hartmann, H., E. Kris und R.M. Loewenstein (1949): Notes on the theory of aggression. Study of the Child, 3/4, 9-36.

Heidegger, M. (1971): Schellings Abhandlung über das Wesen der menschlichen Freiheit. Freiburg.

Heinrich, K. (1981): Tertium datur, Ffm.

Hinz, H. (1991): Gleichschwebende Aufmerksamkeit und die Logik der Abduktion. Stuttgart-Bad Cannstatt.

Home, J.J. (1962): The concept of mind. Int. J. Psychoanal., *47*, 43-49.

Joseph, B. (1992): A factor militating against psychic change, i.D.

Kimmerle, G. (1986): Anatomie des Schicksals. Tübingen.

Kimmerle, G. (1988): Verneinung und Wiederkehr. Tübingen.

Klein, M. (1930): The importance of symbol formation on the development of the ego. In: M. Klein: Contribution to psychoanalysis, 1921-1945, London.

Küchenhoff, J. (1990): Die Repräsentation früher Traumen in der Übertragung. For. Psychoanal., *6*, 15-81.

Laplanche, J. und J.-B. Pontalis (1992): Urphantasien, Ffm.

Little, M. (1957): On delusional transference. I.J. Psychoanal., *39*, 134-138.

Loch, W. (1962/63): Psychoanalyse und Kausalitätsprinzip. In: Theorie, Technik und Therapie der Psychoanalyse, 1972, 45-65, Ffm.

Loch, W. (1965): Voraussetzungen, Mechanismen und Grenzen des psychoanalytischen Prozesses. Bern- Stuttgart.

Loch, W. (1969): Über die Zusammenhänge zwischen Partnerschaft, seelischer Strukturbildung und Mythos. In: ders.: 1972, Zur Theorie, Technik und Therapie der Psychoanalyse, Ffm., 66-93.

Loch, W. (1988): Rekonstruktionen, Konstruktionen, Interpretationen. Jahrbuch der Psychoanalyse, Stuttgart-Bad Cannstatt.

Loch, W. (1989): Über das Bedingungsgefüge Schmerz-Abwehr-Ich-Trieb-Bewußtsein. In: W. Marx (Hg.): Determination und Vorhersage. Ffm., 37-70.

Loch, W. (1991): Variable und invariante Objektbeziehungen im psychoanalytischen Prozeß, Jahrbuch der Psychoanalyse.

Loch, W. (1991 a): Therapeutische Monologe – Therapeutik des Dialogs – Einstellungen zur Seele. Luzifer-Amor, *8*, 9-23. (Leicht gekürzte Fassung von (1991 b)).

Loch, W. (1991 b): Die schönen Reden als Therapie – die Therapeutik des Dialogs – die Einstellung zur Seele, als bejahende Präsenz, im Druck. (Vortrag Nov. 1991 anläßlich der Preisverleihung der Dr. M. Egnér Stiftung, Zürich).

Malcolm, N. (1986): Wittgenstein: Nothing is hidden. Oxford.

Masson, M. (Hg.) (1985): Sigmund Freud, Brief an Wilhelm Fließ. 1887-1904. Ffm., 1986.

Matte-Blanco, I. (1956): Expression in symbolic logic of the characteristics of the system unconscious, Int. J. Psychoanal., *40*, 1-5; (1988): Thinking, feeling and being, London/New York.

Nietzsche, F.: Zit. nach Krit. Studien-Ausgabe (KSA). (Hg.: Berlin-New York)

Pape, H. (1989): Erfahrung und Wirklichkeit als Zeichenprozeß. Ffm.

Rayner, E. (1992): Matching, attunement and the psychoanalytic dialogue. I. J. Psychoanal., *73*, 39-54.

Sandler, A. und Sandler, J. (1987): The past and the present unconscious. I.J. Psychoanal., *68*, 331-341.

Schott, H. (1989): Zum Verhältnis von Mesmerismus, Hypnose und Psychoanalyse, in: Wunderblock, 85-95, Wien.

Segal, H. (1992). J. Am. Psychoanal.Ass., *40*, 815.

Simon, J. (1978): Wahrheit als Freiheit. Berlin-New York.

Simon, J. (1987): Der gute Wille zum Verstehen und der Wille zur Macht. Allg. Z. Philos. 12.3, 79-90.

Simon, J. (1989): Philosophie des Zeichens. Berlin-New York.

Solomon, G.C. (1963): Alice and the red king. I.J. Psycho-anal., *44*, 63-73.

Stegmüller, W. (1975): Hauptströmungen der Gegenwarts-philosophie, Stuttgart.

Stewart, H. (1990): Interpretation and other agents of psychic change. I. Rev. Psychoanal., *17*, 61-69.

Stroeken, H. (1992): Freud und seine Patienten. Ffm.

Taylor, Ch. (1991): Lichtung als Lebensform. In: B. McGui-ness (Hg.), Der Löwe spricht ... und wir können ihn nicht ver-stehn, Ffm., 94-120.

Torras, E. und J. Rallo Romero (1985): Vergangenheit und Gegenwart in der Deutung, Bull. EPF. *24*, 7-34.

Tustin, F. (1986): Autistic barriers. In: Neurotic patients. Lon-don.

Uexküll., v. Th. (1991): Psychosomatik als Suche nach dem verlorenen lebenden Körper, in: Psychotherapie, Psychoso-matik, med. Psychologie, *12*, 482-488.

Vidermann, S. (1970): La construction de l'espace analytique, Paris.

Weinshel, E.M. (1984): Some observations on the psychoana-lytic process, Psychoanal. Qu., *53*, 63-92.

Weisman, A.D. (1958): Reality sense and reality testing. Beh. science, *3*, 228-261.

Winnicott, D.W. (1958): The capacity to be alone. In: The maturational processes and the facilitating environment. London, 1972.

Winnicott, D.W. (1962): The theory of the parent-infant relationship. I. J. Psychonal., *43*, 238-239.

Winnicott, D.W. (1962): Ego integration in child development. In: The maturational processes and the facilitating environment. London, 1965.

Winnicott, D.W. (1971): Playing and reality. New York.

Winnicott, D.W. (1974): The fear of breakdown, Int. Rev. Psychoanal., *43*, 238-339.

Wittgenstein, L. (1930): Philosophische Bemerkungen. In: Schriften 2, Ffm., 1964.

Wittgenstein, L. (1938): Vorlesungen über Ästhetik. In: L. Wittgenstein, 1968, Göttingen, *56*.

Wittgenstein, L. (1949/50): Über Gewißheit, Ffm., 1970.

Wittgenstein, L.: Philosophische Untersuchungen, Schriften I, 1960, Ffm.

Wittgenstein, L. (1967): Ludwig Wittgenstein und der Wiener Kreis. In: Schriften 3, 1967, Ffm.

Wittgenstein, L.: Schriften 5, Ffm., 1970.

Wittgenstein, L.: Zettel. In: Schriften 5, Ffm., 1970.

Wittgenstein, L. (1974): Bemerkungen über die Grundlagen der Mathematik. In: Schriften 6, 65, 1974, Ffm.

Zwaal, P. v. d. (1987): Rhetorical approach to psychoanal. Jahrb. d. Rhetorik, *6*.